Hagen Rudolph

Selber Bier brauen

Für Heike, Marie und Laura

Hagen Rudolph

Selber Bier brauen

Das Buch für Bierfreunde und Genießer

Der Autor:
Hagen Rudolph ist passionierter Hobbybrauer und veranstaltet
Brauseminare. Eines seiner selbst gebrauten Biere wurde 1998
bei den Heimbrautagen in Gräfenberg prämiert.

Die Deutsche Bibliothek – CIP-Einheitsaufnahme

Rudolph, Hagen:
Selber Bier brauen: das Buch für Bierfreunde und Genießer/
Hagen Rudolph. – Augsburg: Midena, 1999
ISBN 3-310-00549-6

Hinweis der Redaktion:
Dieses Buch wurde in der neuen Rechtschreibung verfasst.

Midena Verlag, Augsburg
© 1999 Weltbild Ratgeber Verlage GmbH & Co. KG, Augsburg
Alle Rechte vorbehalten

Umschlaggestaltung: S/L-Kommunikation
Umschlagbild: StockFood/TH Foto-Werbung
Layout: tiff.any GmbH, Berlin
Fotos: Archiv des Autors
Satz und Lithos: tiff.any GmbH, Berlin
Gesetzt aus: Novarese
Druck und Bindung: Franz Spiegel Buch GmbH, Ulm

Printed in Germany

ISBN 3-310-00549-6

Gedruckt auf elementar chlorfrei gebleichtem Papier

Inhaltsverzeichnis

Vorwort

»Nur Wasser trinkt der Vierbeiner,
der Mensch, der findet Bier feiner.«
Heinz Erhardt

**Selbst gebrautes
Bier schmeckt
besser**

Kann man Bier denn selber brauen? Man kann, und dieses Buch soll dazu anregen, es einmal zu probieren. Auch ich fing eines Tages damit an, ein wenig skeptisch zunächst. Doch wenig später sah der Sud aus wie Bier, schäumte wie Bier und roch wie Bier. Nach einigen Wochen des Reifens schmeckte das Bier hervorragend und erhielt beste Kritiken. Schnell wurde offensichtlich, dass selbst gebrautes Bier viel besser mundet als gekauftes.

Selbst gebraute Biere:
Spezial und Altbier.

Nach ersten Erfolgen und Erfahrungen begann ich, die Braukunst in Seminaren zu weiterzugeben, die sich großer Nachfrage erfreuten und dafür sorgten, dass die Zahl der Hobbybrauer in unserer Region und weit darüber hinaus von nahezu
Null rapide anstieg. Für meine Seminarteilnehmer musste ich
vielfältige Informationen zusammentragen. Da lag der Gedanke
nicht fern, doch gleich ein Buch zum Thema zu schreiben.

Zufällig ergab sich ein Kontakt zur Vereinigung der Haus- und
Hobbybrauer in Deutschland e. V. Spontan fuhr ich in die
Schwäbische Alb zu den alljährlich stattfindenden Heimbrautagen, wo der fruchtbare Gedanken- und Erfahrungsaustausch
mit anderen Hobbybrauern begann, der fortan nicht mehr
abriss.

**Alljährlich finden
die »Heimbrau-
tage« statt**

Bei den nächsten Heimbrautagen in der Fränkischen Schweiz
wagte ich erstmals, ein eigenes Bier zur Bierprämierung einzu-
reichen. Mein selbst entwickeltes »Spezial« belegte bei großer
Konkurrenz auf Anhieb den ersten Platz in der Kategorie unter-
gärig-dunkel, was ich als Bestätigung meines Brauverfahrens
und meiner geschmacklichen Vorlieben ansehe. Natürlich finden Sie, lieber Leser, das Rezept für mein erfolgreiches Spezialbier in diesem Buch.

Wenn Sie in erster Linie vorhaben, ein Bier zu brauen, können
Sie direkt in das Kapitel »Bier selber brauen« einsteigen, das
zum schnellen und praktischen Nachschlagen besonders diffe-
renziert gegliedert ist. Wollen Sie kein Bier herstellen, dann
ignorieren Sie jenes Kapitel einfach. Es bleibt immer noch
genug Interessantes rund ums Bier, mit dem Sie sich ausgiebig
befassen können.

Viel Spaß beim Lesen und vielleicht beim Brauen!

Ihr Hagen Rudolph

Ein wenig Geschichte

*»Damit in den mitternächtischen [nördlichen] und denen anderen Län-
dern, wo man keinen oder wenig Wein hat, gleichwohl an nützlich- und
nährhaften Getränken kein Mangel wäre, hat der barmherzige Gott das
Bier dafür verordnet; dann was sollten die Leute trinken, denen der Wein
schädlich, und die auch das Wasser an sich selbsten nicht vertragen
können, deswegen denn der nützliche und gesunde Trank des Biers,
aus Waizen, Dünkel oder Gersten erfunden worden, so an allen Orten
kann gesotten oder gemachet werden.«*
aus: »Der vollkommene Bierbrauer«

Prähistorisches Bier entstand vermutlich als zufälliges Neben-
produkt des Brotbackens, indem z.B. liegen gebliebene Teig-
reste durch Regen nass wurden und zu gären begannen. Schwer
nachvollziehbar ist freilich, wie jemand freiwillig davon trinken
konnte. Vielleicht wollte man einen Übeltäter durch Einflößen
solchen Saftes bestrafen, und als er ständig rückfällig wurde,
kosteten seine Zeitgenossen selbst einmal davon, um verwundert festzustellen, dass es gar keine Strafe war. Wir kennen
damalige Geschmacksvorlieben und Sitten nicht.

**Das zweitälteste
Gewerbe der Welt**

Offensichtlich ist das Bierbrauen also das zweitälteste Gewerbe
der Welt – nach dem Brotbacken. Was den Märchenforschern
bislang verborgen geblieben ist, hier wird es endlich enthüllt:
Rumpelstilzchen empfindet treffsicher die Chronologie der
Menschheitsentwicklung nach, wenn es ruft: »Heute back ich,
morgen brau ich …«.

Ein Getränk mit
jahrtausendalter Tradition

Erste Dokumente eines Brauverfahrens finden sich auf ungefähr
8000 Jahre alten sumerischen Keilschrift-Tontäfelchen. Grundlage war neben Gerste das Getreide Emmer, ein Vorläufer des

heutigen Weizens. Im 5. Jahrtausend v.Chr. wusste man dann, dass gekeimtes Getreide besser zur Bierherstellung taugt als ungemälztes. Das Malz wurde der Haltbarkeit wegen in der Sonne getrocknet oder zu Fladen gebacken und dann zu »Sikaru«, so hieß das Bier, weiterverarbeitet. Es war milchsauer vergoren, muss also ähnlich säuerlich wie Berliner Weiße geschmeckt haben.

> **Die Geschichte des Biers ist mindestens 8000 Jahre alt! Früheste Hinweise stammen aus dem sumerischen Reich.**

Bier als Volksgetränk

Rund 3000 Jahre vor unserer Zeitrechnung hatte Bier im Zweistromland bereits Tradition. Man kannte etwa 20 Biersorten. Zu dieser Zeit sollen in Babylonien mindestens 40 % der Getreideernte zum Brauen von Bier verwendet worden sein. Bier war das Volksgetränk schlechthin, während der Wein keine große Rolle spielte, obwohl er, wie Likör (aus Datteln), durchaus bekannt war. Es wurde sehr viel Getreide angebaut. Für Wein und Obstbäume blieb da nur wenig Platz.

Der Bevölkerung standen »Bierdeputate« je nach sozialer Stellung zu. Arbeiter und Angestellte mussten sich mit zwei Litern täglich begnügen. Verwalter und mittlere Beamte erhielten immerhin schon drei Liter. Bei den fünf Litern für Provinzverwalter und Oberpriester wundert man sich einerseits, wie das Reich so lange bestehen konnte, andererseits bedürfen religiöse Verzückung und Trance nun keiner weiteren Erklärung mehr. Weibliches Personal bei Hofe und in den Tempeln durfte drei Liter süßen Biers schlürfen.

Es muss damals bereits eine Art Reinheitsgebot gegeben haben. Bierbrauer jedenfalls, die ungenießbares Bier herstellten, wurden im eigenen Erzeugnis ertränkt. Auch diverse andere Vergehen rund um das Bier (Priesterinnen durften z.B. kein Bier ausschenken) wurden mit dem Tode bestraft.

Später lernten die Ägypter von den Babyloniern die Kunst des Bierbrauens. Im Unterschied zu jenen rösteten sie das Malz, konnten also auch dunkles Bier herstellen. Durch spezielle Gärverfahren erreichten sie einen ungewöhnlich hohen Alkoholgehalt von 12 bis 15 %, und sie würzten ihr Bier mit Früchten.

Bier als Teil des Soldes

Auch hier war Bier ein Volksgetränk. Bei Soldaten und Beamten stellte es einen Teil des Soldes dar. Sklaven erhielten als staatlich festgelegtes Existenzminimum zwei Krüge Bier pro Tag. Unterdessen sprach die wohlhabende Oberschicht lieber dem Wein zu. Die akademische Jugend freilich war dem Bier sehr zugeneigt, und die Universitätsstadt Pelusium (oder Pelusa, nahe dem heutigen Port-Saïd) an einer der Nilmündungen war für ihre Gaststätten berühmt, weshalb Poeten heute noch vom Bier als einem pelusischen Getränk sprechen. Leider jedoch wurde im Jahr 525 v.Chr. durch die Perser dem ägyptischen Reich wie auch seiner Brautradition ein Ende gemacht.

Selbst die Griechen und Römer kannten Bier, aber wie fast überall im Mittelmeerraum spielte es bei ihnen eine untergeordnete Rolle. Man baute nun einmal Wein an, und das war klimatisch wohl auch angemessen. So verwundert es nicht, dass Bier in der Bibel nie, Wein hingegen des öfteren erwähnt wird. Martin Luther als bekannter Bierfreund hätte die Bibel bestimmt gerne von Bier sprechen lassen, wenn der Originaltext diese Übersetzung nur halbwegs nahegelegt hätte.

Die Biererzeugung verbreitete sich in vielen Kontinenten bzw. entstand unabhängig an den unterschiedlichsten Orten. Fast scheint es ein natürliches Bedürfnis des Homo sapiens zu sein, aus Getreide nicht nur feste Kost herzustellen. Der Mensch lebt nun einmal nicht vom Brot allein. Je nach verfügbaren Rohstoffen braute man in Afrika Hirse-, in Ostasien Reis- und in Südamerika Maisbier.

Erfolgreicher als in mediterranen Ländern konnte sich das Bier nördlich der Alpen durchsetzen, wo man schon 800 Jahre v.Chr.

damit Handel trieb. Die Germanen brauten es aus Gerste, Weizen oder Hirse, und da es noch kein Reinheitsgebot gab, würzten sie es mit Myrte, Eschenlaub, Eichenrinde, Bienenhonig, Wacholder und Pilzen. Tacitus beschrieb im 23. Kapitel seines Werkes »Germania«:

> *»Als Getränk dient ein Saft aus Gerste oder Weizen, der durch Gärung eine gewisse Ähnlichkeit mit Wein erhält; die Anwohner von Rhein und Donau kaufen auch Wein. Die Kost ist einfach: wildes Obst, frisches Wildbret oder geronnene Milch. Ohne feine Zubereitung, ohne Gewürze vertreiben sie den Hunger. Dem Durst gegenüber herrscht nicht dieselbe Mäßigung. Wollte man ihnen, ihrer Trunksucht nachgebend, verschaffen, soviel sie wollen, so könnte man sie leichter durch ihr Laster als mit Waffen besiegen.«*

Der Kommentar erläutert (im Widerspruch zu anderen Quellen), dass Bier den Römern nicht bekannt gewesen sei, weshalb es Tacitus als weinähnlichen Saft umschrieben habe. Von der germanischen Trunksucht allerdings wissen auch andere Quellen zu berichten. Sie muss auffällig gewesen sein. Wie wenig sich manche Dinge doch ändern.

Bereits die Germanen waren dem Bier verfallen

Bier wird in der Bibel nicht erwähnt, weil es im Mittelmeerraum kaum verbreitet war. Nördlich der Alpen hingegen war es sehr beliebt. Man lese nur in Tacitus' »Germania« nach.

Das Klosterbrauwesen im Mittelalter

In unmittelbare Nähe des heutigen Biers kamen aber erst frühmittelalterliche Mönche, die in klösterlichen Brauereien die Verwendung von Hopfen einführten, der nicht nur Heilkraut, sondern auch natürliches Konservierungsmittel ist. Hopfen wurde erstmals 736 in Geisingen (Bayern) erwähnt, verdrängte jedoch erst im 14. Jahrhundert diverse Kräutermischungen, *Porst* oder

Grut genannt und zum Teil Halluzinationen erzeugend (Ursache dafür: das Bilsenkraut), als Bitterstoff.

Überhaupt spielten Klosterbrauereien eine bedeutende Rolle bei der Begründung des Ruhmes des bayerischen Biers. Die älteste gewerbliche ist die *Klosterbrauerei Weihenstephan* bei Freising. Heute noch Bayerische Staatsbrauerei, ist sie seit 1920 Brauerei-Hochschule und seit 1930 Fakultät für Brauwesen der Technischen Hochschule München.

Das erste deutsche Braukloster

Als erstes deutsches Braukloster wird St. Gallen in der heutigen Schweiz erwähnt. Zu dessen Wirtschaftsbetrieb, der lange als beispielhaft galt, gehörten nach einem Grundriss aus dem Jahre 820 immerhin drei Brauhäuser. Sie beherbergten Darre, Malzquetsche, Kühl-, Gär- und Lagerhäuser sowie eine Böttcherwerkstatt.

Das Klosterbrauwesen entwickelte sich flott, und Mönche – bzw. streng separat in ihren eigenen Klöstern die Nonnen – betrieben es mit Hingabe und Sorgfalt, ging es doch um ihr eigenes Leib- und vielleicht auch Seelenheil. Bier war eines ihrer Grundnahrungsmittel, ein gesundes obendrein, weil es damals so ziemlich das einzige abgekochte, also wenigstens vorübergehend keimfreie Getränk war.

> **In mittelalterlichen Klöstern wurde die Entwicklung der Braukunst mit großer Sorgfalt vorangetrieben.**

In der Fastenzeit, fünfte Jahreszeit genannt, bildete es die einzige Nahrungsquelle. Fünf Liter Bier standen den Klosterbewohnern neben ihren Mahlzeiten täglich zu. Während des Fastens fiel das Essen natürlich aus. Nur das Bier blieb, denn: »Was flüssig ist, bricht das Fasten nicht.« So sorgte man vor, braute stärkeres Bier und überstand damit die harten Wochen fröhlich und halbwegs gut genährt.

> Noch heute findet alljährlich um Josephi (der Josephstag am 19. März) der Starkbieranstich auf dem Münchner Nockherberg als großes gesellschaftliches und politisches Ereignis statt.

Das Brauwesen entwickelt sich

In den unterdessen mächtig und selbstbewusst gewordenen Städten hatte sich das Brauwesen zu einem angesehenen Berufs- und Handelszweig entwickelt. Um 1500 gab es in Hamburg rund 600 Brauereien. Bremen, Braunschweig, Rostock und Einbeck – um nur einige zu nennen – waren weitere bedeutende Braustädte im Norden. Die Hanse exportierte Bier bis nach Indien.

Bis dahin war das Hausbrauen als ausgesprochene Frauenarbeit allgegenwärtig. Wenn ein Sud besonders gelungen war, lud man die Nachbarinnen zum Bierkränzchen ein. Diese Tradition verlor sich, denn später konnte man an jeder Straßenecke in einer Gastwirtschaft sein Bier trinken.

> Heimbrauen war früher weit verbreitet. Es gehörte zum alltäglichen Aufgabenbereich der Hausfrauen.

Der Weg zur industriellen Bierherstellung

Bayerische Brauereien hatten sich in der ersten Hälfte des 19. Jahrhunderts einen technologischen Vorsprung erarbeitet, indem sie bereits die außerhalb Bayerns noch kaum bekannte Untergärung nutzten (zwischen 1840 und 1860 in ganz Deutschland übernommen) und darüber hinaus Neuerungen wie Thermometer, Saccharometer und die Dampfmaschine systematisch in den Braubetrieb aufnahmen.

In Norddeutschland führten Reformation und Säkularisierung zur Auflösung der meisten Klöster mitsamt der dazugehörigen Brauereien. Das Brauwesen unterlag nunmehr der Aufsicht in die Jahre gekommener und notorisch innovationsfeindlicher Gilden und Zünfte sowie städtischen Brauverfassungen und Brauprivilegien. Das »Meilenrecht« etwa besagte, dass die Landbevölkerung innerhalb der städtischen »Meile« kein eigenes Bier herstellen durfte, sondern sich in der Stadt damit versorgen musste. Um 1800 verfielen solche Privilegien allmählich, und nach Einführung der Gewerbefreiheit im Zuge preußischer Reformen (1845) wurden zunehmend ländliche Brauereien gegründet.

Fortschritte durch die Industrialisierung

Im Großen und Ganzen freilich ging die Entwicklung des Bierbrauens lange Zeit nur schleppend voran. Es hatte sich seit dem Mittelalter nicht viel getan. Mit der Industrialisierung änderte sich die Situation. Nicht nur die Mechanisierung war hierfür ausschlaggebend, sondern auch rapide sich verbessernde Transportmöglichkeiten sowie der rasante Fortschritt in den Naturwissenschaften, bei dem für das Bierbrauen wichtige Erkenntnisse abfielen.

Zur Kühlung des untergärigen Biers bei Gärung und Lagerung benötigte man große Mengen Eis, das von vereisten Teichen oder Flüssen im Winter gewonnen und in Kühlkellern eingelagert wurde. War dieses Natureis im Sommer verbraucht, musste man Eis hinzukaufen – ein aufwendiges und kostenintensives Unterfangen. Erst nachdem Carl von Linde 1876 die Kältemaschine entwickelt hatte, wurden die Brauereien von der Außentemperatur unabhängig. Kein Wunder, dass die erste Kältemaschine in einer Münchener Brauerei erprobt wurde.

Doch nicht nur technische Innovationen waren für das Bierbrauen von Bedeutung. Die Naturwissenschaften erlebten eine Blütezeit. Namentlich die Biologie lieferte neue Erkenntnisse, vertiefte das Verständnis biochemischer Prozesse bei der Bierentstehung und machte diese somit besser beherrschbar.

Louis Pasteur bewies mit seinen Arbeiten über das Gärungsproblem, die er 1857 aufnahm, dass es sich bei der Hefe um Lebewesen handelt, und zeigte, welche Rolle die Hefezellen bei der Gärung spielen. Mit seinen Erkenntnissen von fundamentaler und weit reichender Bedeutung begründete er die Gärungswissenschaft, die wiederum Grundlage der modernen Brauwissenschaft ist.

Daran anknüpfend isolierte der Däne Emil Christian Hansen 1883 bis 1884 erstmalig einzelne Hefezellen zum Zweck der Vermehrung. Dies war der Beginn der Hefereinzucht, eine Voraussetzung für reine Gärung und einwandfreies Bier.

Der Beginn der Hefereinzucht

> Im 19. Jahrhundert revolutionierten technische Neuentwicklungen und wissenschaftliche Erkenntnisse das Bierbrauen.

Auch der Absatz des Biers ging neue Wege. Bier wurde nun oft in Flaschen abgefüllt, was den Genuss zu Hause erleichterte. Allerdings sind Flaschen schwer und beanspruchen beim Transport erheblich mehr Raum als Fässer. Daher gestaltete sich zur Zeit der Pferdefuhrwerke die Beförderung recht umständlich. Außerdem war die manuelle Reinigung und Abfüllung ziemlich aufwendig. Bis zu der heutigen Selbstverständlichkeit, Bier in genormten Flaschen und Kunststoffkästen im Getränke- oder Supermarkt zu kaufen, war es jedenfalls noch ein weiter, weiter Weg.

Zur Brauereistruktur heute

Die Situation der Brauereien stellt sich in Deutschland heute auf ganz besondere Weise dar. Während es 1956 immerhin noch 2280 Braustätten gab, nahm ihre Zahl trotz eines Zuwachses

nach der Wiedervereinigung bis 1997 stetig ab und fiel auf 1269.
Von diesen befanden sich alleine 698 Braustätten in Bayern und
169 in Baden-Württemberg.

> **In Deutschland gibt es noch über 1200 Brauereien – Tendenz fallend.**

1997 lag der Bierausstoß in Deutschland bei 114,8 Millionen
Hektolitern. Davon produzierten die fünf größten Gruppen
alleine ein Drittel. An der großen Markenvielfalt in Deutschland
(über 5000!) sind jedoch vor allem die kleinen Brauereien
beteiligt. Ungefähr 60 % aller Brauereien, die kleinen nämlich,
erzeugten aber gerade einmal 2,6 % des gesamten Bierausstoßes.

Der deutsche Biermarkt ist erfreulich zersplittert

Trotz aller Klagen über die unaufhaltsamen Konzentrationstendenzen ist der deutsche Markt im internationalen Vergleich
noch immer erfreulich zersplittert. Während weltweit fast überall wenige Großbrauereien oder Brauereigruppen den nationalen Markt weitgehend unter sich aufteilen, ist die Branche in
Deutschland deutlich mittelständisch strukturiert. Auch kleine
und kleinste Brauereien, oft nur von lokaler Bedeutung,
haben eine Chance. Es liegt in der Hand der Verbraucher, diese
Vielfalt am Leben zu erhalten, indem sie nach Möglichkeit
Biere örtlicher Kleinbrauereien trinken.

Das steckt drin im Bier

»Bier ist ein aus Gerste, Weizen und andern Getreidearten bereitetes, im Allgemeinen gesundes Getränk, welches gewissermaßen die Eigenschaften des Wassers, des Weines und der Speisen vereinigt, indem es den Durst löscht, stärkt und zugleich nährt.«
aus: »Bilder-Conversations-Lexikon«

Was ist Bier? Wir trinken es gerne und des öfteren bis häufig, in Deutschland pro Person ungefähr 131 Liter jährlich. Manche Bundesbürger verzichten auf Bier, und so müssen andere deren Ration mittrinken, was sie anscheinend gerne tun.

Da uns allen geläufig ist, was unter Bier verstanden wird, machen wir uns um eine Definition keine Gedanken. Selbst meine kleinen Töchter – und wie ich höre auch viele andere Kinder – zählen »Bier« zu den ersten klar verständlichen Bestandteilen ihres Wortschatzes. Aber: Haben Sie schon einmal versucht, jemandem, der Bier nicht kennt (dabei kann es sich ja eigentlich nur um einen Außerirdischen handeln), mit einem Satz zu erklären, was man sich unter diesem Getränk vorzustellen hat? Umso amüsanter ist es, die oben zitierte Umschreibung eines alten Lexikons zu lesen, bevor wir uns ausgiebiger unserem Bier zuwenden.

Es ist schon erstaunlich, welche Geschmacksvielfalt mit lediglich vier Zutaten zu erreichen ist. Natürlich kann man einem Bier noch allerlei andere Rohstoffe hinzufügen, wie hierzulande früher und andernorts heute noch üblich, von Chemikalien ganz zu schweigen.

Lediglich vier Grundzutaten

Es traf sich aber, dass im Jahr 1516 der hierdurch unsterblich gewordene Herzog Wilhelm IV. von Bayern das Reinheitsgebot erließ, das erst die bayerischen, viel später alle deutschen Bierbrauer auf den Pfad der Tugend brachte. Es sah vor, dass »allain Gersten/Hopffen uñ wasser/genomen uñ gepraucht sölle werdñ«.

Hefe war lange nicht bekannt

Nicht vorgesehen war die gezielte Hefezugabe, was manchen zu der scharfsinnigen Erkenntnis veranlasst, dass mit Hefe versetztes Bier nicht dem Reinheitsgebot entspreche. Indes – hätte Wilhelm IV. von diesem elementaren Bestandteil gewusst – Hefe wäre natürlich ebenfalls aufgeführt worden. Anno 1516 übte sie ihre Funktion freilich noch unerkannt aus.

> Das bayerische Reinheitsgebot von 1516 sieht Gerste, Hopfen und Wasser als einzige Bierzutaten vor. Hefe war noch unbekannt.

Bei den genannten vier Rohstoffen ist es bis heute geblieben. Allerdings gilt die Beschränkung auf Gerstenmalz nur für untergäriges Bier. Für obergärige Biere dürfen auch andere Getreide verwendet werden, das heißt gleichzeitig, dass Weizen-, Roggen-, Dinkel- und Haferbiere immer obergärig sind.

Wasser

Wasser ist nicht gleich Wasser. Gerade bei hellen Bieren ist die Zusammensetzung des Mineralgehalts im Brauwasser von großer Bedeutung, und Verunreinigungen stellen ein Problem dar.

Entscheidend ist aber vor allem die Wasserhärte. Unterschiedliche, traditionell orts- oder regionaltypische Biersorten entstanden daher oftmals unter Einfluss des vorhandenen Wassertyps. Um Geschmack und Ausbeute zu

Brauwasser.

optimieren, passte man Zutaten und Brauverfahren dem Wasser an. Dieser Findigkeit haben wir unsere heutige Sortenvielfalt mit zu verdanken.

> **Dunkle Biere entstanden in Gegenden mit hartem Wasser. In Regionen mit weichem Wasser hingegen braut man bevorzugt helle Biere.**

Um Wasser von konstanter Qualität und Zusammensetzung zu erhalten und um Schwankungen im Geschmack und im Herstellungsprozess zu minimieren, fördern die meisten deutschen Brauereien ihr Wasser heute kostenintensiv aus mindestens 150 bis 200 Meter tiefen Brunnen. Nicht alle ziehen dabei ein so glückliches Los wie die Lüneburger Kronen-Brauerei. Sie hängt einfach an der städtischen Wasserversorgung und erhält trotzdem eines der hochwertigsten Wässer Deutschlands aus 300 Metern Tiefe. Es unterliegt keinerlei jahreszeitlichen Schwankungen, enthält praktisch keine Verunreinigungen, ist mit etwa vier Härtegraden sehr weich und weist auch nur 2 mg Nitrat pro Liter auf. Der EU-Grenzwert lässt 50 mg zu, manche Orte Deutschlands liegen bei 100 mg.

Man muss sich heutzutage aber nicht mit dem vorhandenen Wassertyp abfinden. Am Pils-Boom etwa wollen verständlicherweise auch Brauereien teilhaben, deren Wasser dies eigentlich nicht zulässt. Daher wurden Verfahren der Wasseraufbereitung und Wasserenthärtung entwickelt.

Die heutigen Brauereien sind unabhängig vom Wassertyp

Eine einfache Methode, mit der Hobbybrauer die Härte ihres Wassers deutlich verringern können, ist altbekannt. Man kocht das benötigte Wasser kurz auf und lässt es dann abkühlen. Beim Kochen entweicht die im Trinkwasser immer enthaltene Kohlensäure. An die Kohlensäure gebundener kohlensaurer Kalk wird unlöslich und sinkt zu Boden. Das härtereduzierte Wasser schöpft man vorsichtig ab.

Malz

Grundstoff des Malzes ist Getreide, in der Regel Gerste. Für obergärige Biere sind auch andere Getreidesorten wie Weizen, Roggen oder Dinkel zulässig. Untergäriges Bier darf nur mit Gerstenmalz hergestellt werden.

Zum Einsatz kommt spezielle Braugerste – zweizeilige Sommergerste, deren Körner größer sind als die mehrzeiliger Kulturen. Sie wird kaum gedüngt, weil sonst ihre Braueigenschaften beeinträchtigt würden.

Durch Einweichen des Getreides in Wasser bringt man es zum Keimen (ausführliche Beschreibung siehe Seite 51 f) und erhält auf diese Weise *Grünmalz*. Der Keimprozess muss aber rechtzeitig beendet werden, um die für das Brauen wichtigen Bestandteile zu erhalten. Dies geschieht durch *Darren* (Trocknen) des Malzes.

> Malz ist Getreide, das zum Keimen gebracht und anschließend getrocknet wurde.

Es sind keine Zusatzstoffe erlaubt

In Deutschland sind beim Mälzen übrigens keinerlei Zusatzstoffe wie Wachstumsbeschleuniger oder Extraktverbesserer erlaubt. Außerdem kommt durch die indirekte Befeuerung der Darren das Malz nicht mit Brenngasen in Kontakt (Ausnahme: Rauchmalz). Es handelt sich daher um einen Rohstoff von hoher Reinheit und Qualität, und Angst vor verrufenen Substanzen wie Nitrosamine braucht man nicht zu haben.

Das für den jeweiligen Sud verwendete Malz nennt man *Schüttung*. Mit dem Wasser zusammen ergibt es die *Maische*. Die Schüttung besteht oftmals aus einer Mischung verschiedener Malze, die speziell auf die gewünschte Biersorte abgestimmt ist. Einen Eindruck von der Vielfalt an Malzen und ihren Einsatzmöglichkeiten vermittelt ein Auszug aus dem Katalog der

Mälzerei Weyermann in Bamberg, in Verbindung mit dem
Schaukasten (siehe auch Tabelle auf den Seiten 22 und 23):

Eines wird dadurch bereits deutlich: Es gibt nicht nur *das* Malz,
sondern eine Fülle von Varianten. Die vier Bestandteile des
Biers nach dem Reinheitsgebot fächern sich durch verschiedene
Wassertypen, Malzsorten, aber auch Hopfen- und Hefearten zu

*Verschiedene
Malzsorten.*

Braumalz	Einsatz	Zugabe	Ziel
Pilsener Malz	• Pilsener Biere • jeder sonstige Bier- typ	100 %	
Wiener Malz	• Märzenbiere • Festbiere • Hausbräubiere	100 %	Erzielung »goldfarbiger Biere« und Förderung der Vollmundigkeit
Münchener Malz	• Dunkle Biere • Festbiere • Starkbiere • Malzbiere	85 %	Unterstreichung des typischen Bier-charakters durch Aromaverstärkung
Farbmalz (verschieden dunkle Sorten)	• Dunkle Biere • Starkbiere • Altbiere	1 bis 3 %	Intensivierung des typischen Aromas dunkler Biere sowie der Bierfarbe
Weizenbraumalz (hell oder dunkel)	• Weizenbiere • Kölschbiere • Altbiere • Obergärige Schank-, Leicht-, alkoholredu-zierte, alkoholfreie Biere	bis zu 70 %	• Förderung des typi-schen obergärigen Aromas • Erzielung schlanker, spritziger Biere • Unterstreichung des typischen Weizen-aromas
Weizencaramel-malz	Obergärige Biere	bis zu 15 %	• mehr Vollmundigkeit • Intensivierung des Weizenmalzaromas • Dunklere Bierfarben

Braumalz	Einsatz	Zugabe	Ziel
Weizenröstmalz	Nur für obergärige Biere wie Altbiere oder dunklere Weizenbiere	1 bis 2 %	Intensivierung des typischen Aromas dunkler, obergäriger Biere sowie der Bierfarbe
Roggenröstmalz	Obergärige Spezialbiere	1 bis 3 %	wie Weizenröstmalz
Melanoidinmalz	Dunkle Biere	5 bis 15 %	• mehr Geschmacksstabilität • mehr Vollmundigkeit • Abrundung der Bierfarbe
Sauermalz (pH 3,4–3,5)	• Pilsener Biere • Leichtbiere • Schankbiere	1 bis 10 %	• Absenkung des Würze-pH-Werts, dadurch Intensivierung der Gärung sowie lichtere Bierfarben bei Pilsener Bieren • mehr Geschmacksstabilität • Runder Biergeschmack
Spitzmalz	Zur Kompensation von zu weit gelösten Braumalzen	max. 15 bis 20 %	Verbesserung der Schaumstabilität
Rauchmalz	• Rauchbiere • Lagerbiere • Kellerbiere • Bierspezialitäten	bis zu 100 %	Erzielung des typischen Rauchgeschmacks

unzählig vielen Kombinationsmöglichkeiten auf – eine Welt, von der die meisten Menschen nichts ahnen, ein Eldorado für experimentierfreudige Hobbybrauer.

Hopfen

Wie die anderen Bestandteile macht auch der Hopfen (lateinisch: *Humulus lupulus*) aus der Familie der Hanfgewächse das Bier erst zum Bier. Eine Pionierin seiner Anwendung war übrigens die berühmte Äbtissin Hildegard von Bingen.

Erst der Hopfen macht's

Hopfen verleiht dem Bier sein markantes und bitteres Aroma. Träger des Aromas und der Hopfenharze sind klebrige, gelbe Lupulinkörnchen, die an den Fruchtständen der tannenzapfen-ähnlichen Dolden sitzen. Man hat sie früher auch Hopfenmehl genannt. Stark vergrößert hat ein Lupulinkörnchen die Form einer flachen Schale mit siebartigem Deckel.

Hopfendolden im Querschnitt; deutlich zu sehen sind die gelben Körnchen, das Lupulin, der eigentliche Wirkstoff im Hopfen.

Am Hopfen interessiert den Brauer eigentlich nur das Lupulin.

Hopfen ist nicht nur gesund (nerven- und magenberuhigend sowie schlaffördernd), sondern auch außerordentlich nützlich, denn das Bier wird durch die eiweißfällende Wirkung der Hopfengerbstoffe haltbarer. So verwundert es nicht, dass sich Hopfen vor wenigen Jahrhunderten als wichtige Zutat durchgesetzt hat. Zugleich wird fraglich, ob die hopfenfreien Vorgänger des Biers überhaupt die Bezeichnung »Bier« verdienten.

Die Hopfenpflanze kann bis zu 50 Jahre alt werden. Ihre Wurzeln reichen drei bis vier Meter in die Tiefe, und die Triebe oder Reben wachsen innerhalb weniger Wochen weltrekordverdächtige sieben Meter. Die Kletterpflanze benötigt einen Halt, an dem sie ranken kann. Diesen stellt man ihr in Hopfengärten in Form eines Aufleitdrahtes zur Verfügung. An ihm winden sich die Triebe im Uhrzeigersinn empor. Die Aufleitdrähte werden mit einem Treteisen in den Boden gedrückt. Oben knüpft man sie an ein filigranes Gerüst aus Holzmasten, Querseilen und Längsdrähten. So ergibt sich das markante Bild der hoch aufwärts strebenden grünen »Säulen«, das Anbaugebiete wie die Hallertau prägt, aus der 1995 27 % der Welthopfenproduktion stammten.

Von Mitte April bis Anfang Juli wächst der Hopfen durchschnittlich etwa 10 cm am Tag, an warmen Tagen auch schon mal bis zu 33 cm. Bei der Ernte im August und September, früher mühselige und personalintensive Handarbeit, schneiden heute Maschinen die Reben samt Aufleitdraht ab. Nach Trennung der Dolden trocknet man diese zur Haltbarmachung auf Hopfendarren mit

Hopfen ist gesund

Im Hopfengarten (Anbaugebiet: Hersbrucker Gebirge).

65 °C warmer Luft von 80 auf 12 % Feuchtigkeit und presst sie in 75 bis 80 kg fassende Jutesäcke. Dieser Doldenhopfen findet heutzutage jedoch keine Verwendung mehr in Großbrauereien, sondern allenfalls in Mikrobrauereien. Über 95 % des Dolden-hopfens verarbeitet man für die industrielle Verwertung zu kon-zentrierten, homogenisierten und besser haltbaren *Hopfenpellets* oder auch *Hopfenkonzentrat*.

Hopfenpellets richtig lagern

Hopfenpellets, also getrocknete, gemahlene und gepresste Dol-den, sind auch für Hobbybrauer besonders gut geeignet. Sie müssen aber kühl, trocken, dunkel und luftdicht verpackt auf-bewahrt werden, damit die Bitterstoffe nicht oxidieren. Sollte

Hopfendolden.

dies trotzdem geschehen und der Hopfen damit verdorben sein, dann riecht er deutlich wahrnehmbar nach Schweißfüßen.

Wie es sich für zweihäusige Gewächse gehört, gibt es weibliche und männliche Hopfenpflanzen. Letztere sind unerwünscht und werden in den Anbaugebieten gnadenlos beseitigt, denn sie befruchten mit Hilfe des Windes hinterlistig die weiblichen Dolden, die dann ölhaltige Samen entwickeln. Diese beeinträchtigen Schaumbildung und Schaumstabilität, wie bei englischem Bier zu beobachten. Bei unseren Nachbarn nämlich sorgt man durch regelmäßig gesetzte männliche Hopfenpflanzen für genau jene in Deutschland nicht erwünschte Befruchtung. Vorteil für den durstigen Trinker: Das Bier ist mangels Schaumbildung schnell gezapft.

Männliche Hopfenpflanzen sind unerwünscht

Im Hopfen sind über 50 Bitterstoffe (Alphasäuren oder Humulone und Betasäuren oder Lupulone) enthalten. Bedeutsam für die Qualität des Aromas sind Linalool, Beta-Caryophyllen, Humulen und Farnesen. Je nach Sorte kann der Bitterstoffgehalt zwischen 2 und 15 % Alphasäuren variieren. Je geringer der Alphasäuregehalt, desto feiner das Aroma.

Für ein Bier benötigt man eine bestimmte Menge an Bitterstoffen. Je höher der Bitterstoffgehalt in der Pflanze, desto weniger des relativ teuren Hopfens muss eingesetzt werden. Spart man aber durch Verwendung bitteren Hopfens an der Hopfenmenge, wird das Bier weniger aromatisch. Sicher kennt jeder diverse abschreckende Beispiele für nahezu ungenießbare Billigbiere ...

Hefe

Mit der Hefe kommt Leben in das Bier, denn die Hefepilze sind Lebewesen – wenn auch ziemlich kleine, weil einzellige. Ohne Hefe keine Gärung. Ohne Gärung kein Alkohol und keine Kohlensäure. Beides entsteht durch den Stoffwechsel der Hefe aus dem Malzzucker.

> **Bei der Gärung wandelt Hefe den Malzzucker in Alkohol und Kohlensäure um.**

Grob unterscheiden lassen sich zunächst obergärige (lateinisch: *saccaromyces cerevisiae*) und untergärige Hefen (lateinisch: *saccaromyces uvarum*, früher *saccaromyces carlsbergensis*). In jeder Gruppe gibt es Einzelrassen und speziell gezüchtete Stämme.

Bei der Zellteilung der obergärigen Hefe bleiben Mutter- und Tochterzellen aneinander haften und bilden längere Ketten, die von der Kohlensäure an die Oberfläche getrieben werden. Untergärige Hefen bilden keine Ketten und sinken zu Boden. Daher die entsprechenden Bezeichnungen.

Die beiden Gärungsarten

Abhängig von der Hefe unterscheidet man also zwei Arten von Gärungen: O*ber-* und U*ntergärung.* Untergärige Biere wie Pilsener, Bockbier oder Märzen benötigen eine Temperatur von 5 bis 12 °C für die Hauptgärung. Obergärige Biere, beispielsweise Weizen- oder Altbier, gären bei einer Temperatur von 12 bis 25 °C.

Hefe erhält man als Trockenhefe im (Versand-)Handel. Sie sieht aus wie die zum Backen verwendete und muss einige Stunden vor der Zugabe gärfähig gemacht werden. Auch lebende Hefe (flüssig) gibt es zu kaufen. Sie ist in feste Folie eingeschweißt und ungeöffnet im Kühlschrank monatelang haltbar. Mit etwas Glück hat der Hobbybrauer die Möglichkeit, sich frische Reinzuchthefe in einer Brauerei zu besorgen.

Brauereien greifen in der Regel auf *Reinhefe* (auch: *Reinzuchthefe*) zurück. Diese züchtet man in besonderen Reinzuchtapparaten aus einer einzigen ausgesuchten Zelle, weshalb alle von dieser

Trockenhefe.

abstammenden Zellen dieselben Eigenschaften haben. In dem Moment, in dem die Reinhefe in die Würze gelangt und sich durch Vermehrung der strengen Kontrolle entzieht, wird sie als eine »von Reinzuchthefe abstammende« Betriebshefe bezeichnet.

Nach der Hauptgärung kann man die Hefe abschöpfen oder auffangen, kühl lagern und wieder verwenden. Dies sollte man jedoch nicht allzu oft wiederholen, da sie durch den Befall von Fremdorganismen (Bierschädlinge) infiziert werden oder degenerieren kann, was zu Qualitätsverlusten führt.

Manche Braumeister verwenden die Hefe für etwa fünf bis sieben Gärführungen oder häufiger, untersuchen aber im Labor jedesmal sorgfältig die Qualität. Andere benutzen ihre Hefe höchstens noch ein zweites Mal. Danach, sagen sie, sei die Hefe bereits degeneriert, weise Verunreinigungen und Veränderungen auf, sei jedenfalls kein Garant für einwandfreie Qualität mehr. Rechtzeitige Hefewechsel nach fünf bis sechs Führungen haben u. a. den Vorteil, dass so vergorene Biere milder schmecken, weil junge Hefen über besseres Entharzungsvermögen verfügen.

Rechtzeitige Hefewechsel

Obergärige Hefe wird seltener als Reinzuchthefe eingesetzt, sondern enthält meistens einen tolerierbaren Anteil an Fremdorganismen. Daher ist sie recht robust. Von der Oberfläche der Würze abgeschöpft, kann man sie bei 2 bis 3 °C vier bis sechs

Wochen aufbewahren, ohne dass sie spürbar an Gärkraft verliert. Sie kann jahrelang geführt werden, solange sich der Anteil an Fremdorganismen nicht wesentlich verändert und Geschmack und Klärung des Biers befriedigend ausfallen.

Die Faustregel lautet: nur einwandfreie Zutaten

Es ist nun Aufgabe des Brauers, aus den erlaubten Zutaten ein qualitativ möglichst hochwertiges Bier zu fertigen, nicht zuletzt, um dem guten Ruf des Biers nicht zu schaden. Schwarze Schafe unter den Brauern (nicht mit Schwarzbrauern zu verwechseln) können mit Panschereien – wie von Weinherstellern bekannt – ihre gesamte Gilde in Verruf bringen.

Der geschmackliche Aspekt hingegen ist ein Thema für sich, denn über Geschmack lässt sich bekanntlich streiten. Während der Hobbybrauer persönliche Vorlieben zum Maßstab seines Biers machen kann, muss sich der gewerbliche Brauer schon ein wenig nach dem Publikumsgeschmack richten, denn er will am Markt bestehen. Aber unabhängig vom gewünschten Geschmack sollten grundsätzlich nur einwandfreie Zutaten verwendet und sorgfältig verarbeitet werden.

Bier ist auch gesund – so wirkt's

Bier enthält Alkohol. Dies ist sein einziges Problem. Ansonsten ist es so gesund, dass eigentlich die Krankenkassen für eine kostenlose Verteilung unter der Bevölkerung sorgen müssten.

Die vom Alkohol ausgehenden Gefahren darf man nicht verharmlosen. Bereits eine Flasche – bei schlechter Verfassung, Müdigkeit oder gleichzeitiger Medikamenteneinnahme auch weniger – beeinträchtigt die Verkehrstüchtigkeit und erhöht das Unfallrisiko für die eigene Person wie für die Umwelt. Je mehr

Alkohol birgt Gefahren

Ein Liter Bier enthält	Nährsubstanzen	Menge	Einheit
Grundelemente und verschiedene Substanzen	Wasser	920	g
	Kohlenhydrate	28 – 30	g
	Eiweiß	3 – 5	g
	Alkohol	35 – 43	g
	Kohlensäure	5 (Weizen 8)	g
Minerale	Phosphor	310	mg
	Chlorid	180	mg
	Kalium	500	mg
	Kalzium	35	mg
	Natrium	30	mg
	Magnesium	110	mg
	Sulfat	175	mg
	Kupfer	0,07	mg
	Mangan	0,2	mg
	Zink	0,1	mg
	Eisen	0,1	mg
Vitamine	Thiamin (Vitamin B_1)	35	µg
	Riboflavin (Vitamin B_2)	410	µg
	Nikotinsäure (Vitamin PP)	7875	µg
	Pantothensäure	1600	µg
	Pyridoxin (Vitamin B_6)	650	µg

Bier, desto mehr. Auch eine Suchtkrankheit mit ihren negativen Begleiterscheinungen kann die Folge übermäßigen Alkoholkonsums sein.

Bier enthält wertvolle Nährstoffe

Doch unterstellen wir für die folgenden Ausführungen nicht unkontrollierten Alkoholmissbrauch, sondern mäßigen Biergenuss (das sind etwa $\frac{1}{4}$ bis $\frac{1}{2}$ Liter, eventuell 1 Liter täglich, je nach Quelle). Dann können die wertvollen Nährstoffe ihre positive Wirkung entfalten: Eiweißstoffe beispielsweise, die der Mensch für das Zellwachstum benötigt, aber nicht selbst aufbauen kann und daher mit der Nahrung aufnehmen muss; oder Vitamine, Mineralstoffe und Spurenelemente in beträchtlicher Zahl (siehe Tabelle Seite 31).

Bier wirkt harntreibend, beruhigend und entspannend. Unter Schlaflosigkeit leidende Menschen, gerade auch im fortgeschrittenen Alter, sollten versuchsweise einmal die Beruhigungs- oder Schlaftabletten durch eine Flasche Bier am Abend ersetzen. Oft ist die Wirkung dieselbe, nur auf viel natürlichere und gesündere Weise. Hinzu kommt der positive Nebeneffekt der Versorgung mit Vitaminen, Mineralien etc. sowie Flüssigkeit (v.a. manchen Senioren mangelt es daran erheblich). Darüber hinaus ist Bier natriumarm sowie völlig frei von Fett und Cholesterin.

> **Bier ist aufgrund seiner entspannenden Wirkung ein natürliches Beruhigungsmittel.**

Manche Verbraucher überrascht die Aussage, dass Bier nicht dick mache, weil es wenig Kalorien enthalte. Tatsächlich hat es weniger Kalorien als viele Fruchtsäfte oder Vollmilch. Der Bierbauch ist jedoch im Weltbild vieler Menschen fest verankert, und was da einmal hineingeraten ist, lässt sich so schnell nicht ausradieren. Richtig ist, dass Bier den Appetit anregt, und so sorgen die nebenher verzehrten Erdnüsse, Chips oder

Schweinshaxen leicht für eine wachsende Leibesfülle. Bier allein mit seinen etwa 430 Kalorien pro Liter muss freilich schon in größeren Mengen getrunken werden, um Übergewicht herbeizuführen.

Inzwischen deutet sich sogar an, dass mäßiger Alkoholkonsum bis zu etwa 40 Gramm pro Tag (das entspricht ungefähr einem Liter Vollbier) günstige Auswirkungen auf den Fett- und Zuckerstoffwechsel haben und den Fettanteil am Körpergewicht senken kann. Womit auch die Gefahr von Herz- und Kreislauferkrankungen abnimmt. Einige Bestandteile des Biers (Antioxidantien: Phenole, Flavonoide, Querzentin, Catechin) mindern möglicherweise sogar das Krebsrisiko und stärken die körpereigene Abwehr. Bevölkerungsteile mit moderatem Alkoholgenuss haben nach epidemiologischen Langzeitstudien eine höhere Lebenserwartung als Menschen, die keinen oder sehr viel Alkohol trinken. In den USA und in Großbritannien wird in den jüngsten Ernährungsempfehlungen der Nutzen von mäßigem Alkoholkonsum offiziell anerkannt.

Günstige Auswirkungen auf den Stoffwechsel

Zugleich lassen dortige Gesundheitsbehörden aber nicht nach, vor hohem Alkoholkonsum zu warnen. Es sei auch noch einmal betont, dass eine kleine, der Gesundheit durchaus nicht abträgliche Menge Bier am Steuer oder bei der Arbeit gefährlich sein kann. Wer sich nur ein wenig kritisch beobachtet, stellt wohl bisweilen fest, dass bereits ein kleines Glas Bier die Reaktionsfähigkeit herabsetzt.

Für Sportler ist alkoholfreies Bier als Energielieferant und zur schnellen Regeneration zu empfehlen. Eiweißstoffe, Mineralien und Vitamine sind vom Körper leicht aufzunehmen, steigern körperliche sowie geistige Leistungsfähigkeit und Ausdauer und ersetzen durch Schwitzen verloren gegangene Elektrolyte. Daher darf alkoholfreies Bier offizielles Getränk der Deutschen Fußball-Nationalmannschaft und anderer Teams sein.

Alkoholfreies Bier als Energielieferant

Übrigens wusste man schon vor über 200 Jahren, als Bier noch nicht auf der Dopingliste stand:

> *»Dannhero findet man bey uns und in allen mitternächtischen [nördlichen] Ländern, daß die Leute viel stärker und dauerhafter seyn, als wo man lauter Wein und kein Bier hat.«*
> aus: »Der vollkommene Bierbrauer«

Bier ist frei von chemischen Zusatzstoffen

Schließlich ist Bier gesund, weil es frei von chemischen Zusatzstoffen ist; denn seine Bestandteile werden sehr zurückhaltend gedüngt bzw. kaum mit Herbiziden bzw. Pestiziden behandelt. So soll es wenigstens sein. Von mit Glykol gepanschtem Bier und ähnlichen Skandalen habe ich bislang noch nichts vernommen.

Von Biergattungen, Bierarten und -sorten

In Deutschland gibt es die unglaubliche Vielfalt von etwa 5000 Biersorten. In diesem Dschungel die Orientierung zu behalten ist nicht immer leicht. Daher hier einige Informationen über den Unterschied von Biergattungen, Bierarten und Biersorten.

Biergattungen unterscheidet man nach der Stärke, gemessen in Stammwürze, aus der durch Gärung Alkohol entsteht. Da gibt es Starkbier, Vollbier, Schankbier und Bier mit niedrigem Stammwürzegehalt. Der Bereich von 14 bis 16 % Stammwürze ist nicht definiert (was Hobbybrauer nicht kümmern muss), eine für deutsche Regelungswut ungewöhnliche Tatsache.

Biergattungen

Biergattungen	Stammwürzegehalt in %	Alkoholgehalt in %
Bier mit niedrigem Stammwürzegehalt	bis 7	bis 2,8
Schankbier	7 bis unter 11	ca. 2,8 bis 4,6
Vollbier	11 bis unter 14	4,6 bis 5,6
Starkbier	16 und mehr	über 6,5

Bierarten gibt es nur zwei, bezeichnet nach den Hefearten *untergärig* und *obergärig*. Den Gattungen und Arten lassen sich nun einzelne *Sorten* zuordnen (siehe nächste Seite oben).

Bierarten

> Biergattungen unterscheidet man nach der Stärke (gemessen in Stammwürze), Bierarten nach der verwendeten Hefe. Biersorten sind z.B. Pils, Weizen, Alt und Bock.

Einige gängige Biersorten, deren Merkmale und Unterschiede dem Verbraucher im Detail normalerweise nur lückenhaft geläufig sind, beschreibe ich auf den folgenden Seiten.

Biersorten

	Bierarten	
Biergattungen	untergärig	obergärig
Schankbier		z.B. Süß-, Caramel-malz, Berliner und Bremer Weiße
Vollbier	z.B. Pils, Export, Dunkel, Hell, Lager, Märzen, Spezial, Diät-, Kräusen-Pils, Rauch-, Keller-, Zwickel-, Nähr-, Braunbier	z.B. Alt, Kölsch, Weiß-/ Weizenbier, Dampfbier, Malz-trunkbier, Dampf-bier, Malztrunk
Starkbier	z.B. Bock, Doppelbock	z.B. Weizenbock, -doppelbock

Weizenbier/Weißbier	
Biergattung/Bierart	Vollbier/obergärig
Stammwürzegehalt in %	11 bis 14 (Alkoholgehalt in % vol: ca. 5 bis 5,4)
Charakteristik	vollmundig, goldfarben, goldbraun oder dunkelbraun
Brauprozess	der Weizenmalzanteil beträgt min-destens 50%, Rest ist Gerstenmalz; oft erfolgt die Nachgärung in der Flasche
Verbraucherverhalten	rund 14 Millionen Bundesbürger trinken Weizenbier, hoher Frauenan-teil von 43 %
Geschichte	Wittelsbacher Weizenbiermonopol seit 1602; zum Schutze dieser Ein-nahmequelle allen anderen Brauern immer wieder verboten, blieb aber weiter beliebt; knapp 88 % aller Weizenbiere kommen aus Bayern

Forciert durch den Werbeaufwand einiger großer Brauereien hat Weizenbier nördlich des »Weißbier-Äquators« seit den 80er Jahren viele Freunde gewonnen. Im Osten, wo man aus politischen Gründen erst später den Markt bearbeiten konnte, muss noch Überzeugungsarbeit geleistet werden.

Wie der Name verrät, enthält es neben Gersten- auch Weizenmalz und kommt sehr variantenreich daher. Seltener als klares Kristall-Weizen, häufiger trüb als Helles oder Dunkles. Die Stärke reicht vom alkoholfreien oder -reduzierten Weizen über Vollbier bis hin zum Weizenbock oder -doppelbock. Getrunken wird es aus hohen, leicht geschwungenen Gläsern, in denen sich beim Einschenken die typische Schaumhaube bilden kann.

Weizenbier bildet eine charakteristische Schaumhaube

Berliner Weiße	
Biergattung/Bierart	Schankbier/obergärig
Stammwürzegehalt in %	7 bis 8 (Alkoholgehalt in % vol: ca. 2,8)
Charakteristik	spritziges, leicht hefetrübes dunkelgelbes Bier mit leicht säuerlichem Geschmack
Brauprozess	Verarbeitung von Gersten- und Weizenmalzen; die obergärigen Bierhefen werden milchsauer vergoren
Geschichte	urkundlich nachgewiesen seit 1642, im letzten Jahrhundert Hauptgetränk der Berliner; war ursprünglich eine Verbesserung des Halberstädter Broihans
Bierpflege	wird ausschließlich in Flaschen angeboten; die richtige Trinktemperatur liegt bei 8 bis 10 °C
Sonstiges	beliebtes Getränk vor allem im Sommer; früher mit Kümmel oder Korn getrunken, heute gibt man einen Schuss Waldmeister- oder Himbeersirup ins Glas, bevor dieses mit Bier aufgefüllt wird; wird meist mit Strohhalm serviert

Unklar ist, ob sich der Name von dem wichtigen Grundstoff Weizen oder von der hellen Farbe herleitet. Eindeutig ist aber, dass man Berliner Weiße mit oder ohne Schuss einmal gekostet haben sollte, denn geschmacklich fällt sie schon ein wenig aus dem Rahmen.

Kölsch	
Biergattung/Bierart	Vollbier/obergärig
Stammwürzegehalt in %	um 11,3 (Alkoholgehalt in % vol: ca. 4,8)
Charakteristik	ganz hellgelbfarbenes, hopfenbetontes Bier
Brauprozess	Gärung bei Temperaturen von 15 bis 20 °C
Verbraucherverhalten	Kölner Nationalgetränk, je zur Hälfte Fass- und Flaschenbier, besonders hohe Akzeptanz bei Frauen
Geschichte	Brautradition seit 874; im Jahre 1250 gab es bereits das Kölner Brauamt, Standesvertretung der Brauer; 1396 Kölner Brauer-Korporation; Bestandteil Kölscher Tradition
Bierpflege	wird aus schlanken »Kölsch-Stangen« mit einem Inhalt von meist 0,2 l getrunken
Sonstiges	einzige Biersorte mit rechtlich definiertem Herkunftsschutz; darf lediglich in Köln bzw. von den Brauereien des Kölner Brauerei-Verbandes gebraut werden

Der Name »Kölsch« ist geschützt

In ganz Deutschland kann man jedes Bier herstellen. In ganz Deutschland? Nein! Ein von unbeugsamen Kölnern bevölkertes Städtchen hört nicht auf, sein eigenes Bier zu brauen: Nach der im März 1986 unterzeichneten »Kölsch-Konvention« dürfen nur 24 Brauereien des Kölner Brauerei-Verbandes e.V. in Köln und

Umgebung diese obergärige Spezialität brauen. Das Bundes-
kartellamt hat den Schutz dieser geographischen Herkunfts-
bezeichnung abgesegnet. Kölsch darf lediglich in und um Köln
hergestellt werden.

Bemerkenswert ist der hohe Fassbieranteil, der die Hälfte des
gesamten Ausstoßes ausmacht. In den zahllosen Gaststätten in
und um Köln bringt der »Köbes« (Kellner) die gefüllten, schlan-
ken »Kölsch-Stangen« (Gläser) im »Kranz«, einem Serviertablett
mit Stielgriff in der Mitte, unaufgefordert so lange an den Tisch,
bis der Gast seinen Bierdeckel auf das Glas legt.

In Köln bevorzugt man Bier vom Fass

Alt	
Biergattung/Bierart	Vollbier/obergärig, »alte« Brauart
Stammwürzegehalt in %	um 11,5 (Alkoholgehalt in % vol: ca. 4,8)
Charakteristik	dunkelbernsteinfarbenes, hopfenbetontes blankes Bier
Brauprozess	wird mit obergäriger Hefe bei 15 bis 20 °C (z.T. auch weniger) vergoren
Geschichte	ursprüngliches, traditionelles Brauverfahren, das es ermöglichte, Bier auch bei höheren Außentemperaturen gären und reifen zu lassen
Bierpflege	Altbier wird aus kurzen, gedrungenen 0,2 l-Gläsern oder Altbierpokalen getrunken und häufig vom Fass ausgeschenkt; ideale Trinktemperatur 8 bis 10 °C

Altbier stammt ursprünglich aus Düsseldorf und Umgebung.
Vor der Erfindung der Kältemaschine hatte man dort nur selten
die Möglichkeit, im Winter ausreichende Mengen Eis aus den
Teichen zu stechen, um das ganze Jahr über mit Natureis zu
kühlendes, untergäriges Bier brauen zu können. So blieb man,
während sich in Bayern das untergärige Brauverfahren langsam
durchsetzte, beim alten, obergärigen Bier. Daher sein Name.

Altbierbowle | Großer Beliebtheit erfreut sich Altbierbowle, die durch Zugabe von klein geschnittenen Früchten entsteht und ein erfrischendes, spritzig-fruchtiges Getränk für warme Sommerabende darstellt.

Pils	
Biergattung/Bierart	Vollbier/untergärig
Stammwürzegehalt in %	über 11 (Alkoholgehalt in % vol: ca. 4,8)
Charakteristik	hellgoldfarbenes Bier mit vorherrschendem Hopfengeschmack und feinsahnigem Schaum
Brauprozess	Gärung bei Temperaturen von 4 bis 9 °C; die Hauptgärung dauert etwa eine knappe Woche
Verbraucherverhalten	mehr als die Hälfte aller Männer trinken mindestens einmal wöchentlich Pils, ein Drittel sogar mehrmals
Geschichte	das Bier Pilsener Brauart ist rund 150 Jahre alt und wurde von dem bayerischen Braumeister Josef Groll am Martinstag 1842 in Pilsen erstmals ausgeschenkt
Bierpflege	in mehreren Schüben in höchstens 3 Minuten einschenken; optimale Trinktemperatur 8 °C

In Pilsen herrschte große Not.
Gar furchtbar schmeckte flüss'ges Brot.
Die Qualität war tief gesunken,
drum hat man es nicht mehr getrunken.
Damit sich endlich etwas tat,
beschloss der Pilsner Magistrat,
ein Exempel zu statuieren,
ein Teil des Biers zu konfiszieren,
und vor dem Rathaus von dem miesen
drei Dutzend Fässer auszugießen.

So oder ähnlich könnte die »Ballade vom Siegeszug des Pilseners«, die ich vielleicht irgendwann fortsetze, beginnen. Das
geschilderte Ereignis spielte sich im Februar 1838 ab, als man,
des minderwertigen Biers überdrüssig, 36 Fässer öffentlich
auskippte. Welch ein unwürdiger Zustand! Selbst die braube-
rechtigten Bürger tranken lieber Wein! Nein, so konnte es nicht
weitergehen.

Am 15. September desselben Jahres erfolgte der erste Spaten-
stich für ein neues bürgerliches Brauhaus, in dem nun modernes,
untergäriges Bier gebraut werden sollte. Aus dem bayerischen
Vilshofen hatte man hierfür den Brauer Josef Groll angeheuert.
Dieser kreierte eine neue Rezeptur.

Vom Siegeszug des Pilseners

Am Martinstag, dem 11. November 1842, wurde das helle, kräftig
gehopfte und für den damaligen Geschmack äußerst ungewöhnliche Getränk in mehreren Gasthöfen erstmalig ausgeschenkt.
Der Rest ist (Erfolgs-)Geschichte. In Deutschland bewegt sich der
Anteil des Pilsener Biers gegenwärtig bei etwa 68 %.

> Die Entwicklung des Pilseners wurde aufgrund der mise-
> rablen örtlichen Bierqualität in Auftrag gegeben. Im Jahr
> 1842 schenkte man es erstmalig aus.

Dunkles Lagerbier	
Biergattung/Bierart	Vollbier/untergärig
Stammwürzegehalt in %	über 11 (Alkoholgehalt in % vol: ca. 4,8)
Charakteristik	dunkles Bier, leicht gehopft, vollmundig, malzaromatisch
Brauprozess	Gärung mit untergäriger Hefe unter Ver-wendung von dunklen Malzen Münchener Typs
Geschichte	Biere mit langer Tradition
Bierpflege	optimale Trinktemperatur bei 8 °C

Waren früher die meisten Biere mehr oder weniger dunkel, so fristeten sie nach dem Siegeszug heller Biere, insbesondere des Pilseners, lange Zeit ein Nischendasein. Mittlerweile erfahren sie jedoch eine Renaissance. Neben der geschmacklichen stehen sie für eine optische Vielfalt, und mancher abtrünnige Pilsfreund verbreitet nach seinem Aaaah!-Erlebnis nur noch die Botschaft des malzigeren, vollmundigeren Dunkelbieres. Immer neue Dunkelbiere drängen auf den Markt und finden ihre Käufer.

Dunkles Bier schmeckt besonders vollmundig

Seine Farbe hat das Dunkle vom dunkleren Malz, das länger oder heißer gedarrt wurde. Die entstandenen Röstprodukte sorgen für einen intensiveren Eigengeschmack der dunklen Würze, die man deshalb zurückhaltender hopft. Weil dieses Malz aufgrund der Röstprodukte weniger ergiebig ist als helles Malz, ist für die selbe Ausstoßmenge ein höherer Malzanteil erforderlich, wodurch das Bier vollmundiger wird.

Helles Lagerbier	
Biergattung/Bierart	Vollbier/untergärig
Stammwürzegehalt in %	11 bis 14 (Alkoholgehalt in % vol: 4,6 bis 5,6)
Charakteristik	malzaromatische hellgelbe blanke Lagerbiere, kräftig und ein wenig süß; auch dunkles Export ist erhältlich
Brauprozess	neue Marktuntersuchungen belegen, dass Export und Bayrisch Hell nach wie vor auf der Hitliste der beliebtesten Biersorten ganz oben stehen
Geschichte	Export war ein Lagerbier, das oft monatelang gelagert wurde; die Bezeichnung rührt daher, dass diese Biere traditionell für den oft weiten Transport stärker eingebraut werden
Bierpflege	optimale Trinktemperatur bei ca. 8 °C

Die bekanntesten hellen Lagerbiere sind »Helles« und »Export«. An Bezeichnungen wie »Export« oder »Lager« lässt sich erkennen, warum man sie stärker eingebraut hat. Sie waren nicht für den sofortigen Verbrauch bestimmt, sondern hatten oft eine längere Reise vor sich. Der höhere Alkoholgehalt sollte die Haltbarkeit verbessern.

Helle Lagerbiere haben einen höheren Alkoholgehalt

Helles Lagerbier soll übrigens nicht – wie der Name vielleicht suggeriert – hell gelagert werden, sondern dunkel, wie dunkles Lagerbier und alle anderen Biere auch.

Schwarzbier	
Biergattung/Bierart	Vollbier/untergärig
Stammwürzegehalt in %	über 11 (Alkoholgehalt in % vol: ca. 4,8 bis 5)
Charakteristik	sehr dunkles Bier, vollmundig; keine einheitliche Geschmackscharakteristik
Brauprozess	Gärung mit untergäriger Hefe unter Verwendung dunkler Spezial- oder Röstmalze
Verbraucherverhalten	Renaissance der Schwarzbiere bei allen Verbraucherschichten, hoher Frauenanteil
Geschichte	dunkelfarbige Braunbiere waren früher die vorherrschende Biersorte in Deutschland – seit 1543 ist Schwarzbier in Thüringen nachgewiesen; damals obergärig gebraut
Bierpflege	optimale Trinktemperatur bei 8 °C; wird gern aus Schwarzbierpokalen getrunken

Wie dunkles Lagerbier erfreut sich auch das Schwarzbier wachsender Beliebtheit. Das hängt nicht zuletzt mit der Wiedervereinigung zusammen. Ostdeutsche Brauereien, von dem Joch sozialistischer Planwirtschaft befreit, fanden zu alter Kreativität und Qualität zurück, gruben jahrzehntelang eingestaubte Rezepte wieder aus oder ließen sich von westlichen Strategieexperten teuer den Tipp verkaufen, Nischenprodukte zu produzieren.

Die Vielfalt der Biere nimmt zu

Plötzlich war alles eine Nische, in der Schwarz-, Braun- und sonstiges Dunkelbier nur so schwappte. Sehr zur Freude der Verbraucher. Die Pilshersteller dürften langsam Grund zur Sorge haben.

Leichtbier	
Biergattung/Bierart	Leichtbier wird meist als Schankbier, aber auch als Vollbier hergestellt
Stammwürzegehalt in %	Schankbiere 7 bis unter 11, Vollbiere ab 11 (Alkoholgehalt in % vol: ab 2 bis ca. 3,2)
Charakteristik	bierige Alternative für kalorienbewussten Genuss
Brauprozess	während der Gärung wird entweder die Bildung von Alkohol vermindert oder der Alkohol nach der Gärung teilweise entfernt
Verbraucherverhalten	guter Absatz in den späten 80er und frühen 90er Jahren; rückläufig seit 1992
Bierpflege	ideale Trinktemperatur ca. 7 °C
Sonstiges	Leichtbier hat etwa die gleiche Kalorienzahl wie Magermilch und 40 % weniger Brennwert bzw. Alkohol als Vollbier

Was über alkoholfreies Bier gesagt wurde, gilt in abgeschwächter Form auch für Leichtbiere. Da Alkohol der Hauptkalorienträger im Bier ist, bedeutet weniger von diesem gleichzeitig natürlich auch weniger von jenen. Ein Kompromiss für alle, die weder alkoholfreies noch »normal« alkoholhaltiges Bier trinken wollen. Vorbei scheint jedoch die Blütezeit der späten 80er und frühen 90er Jahre, als fast jede größere Brauerei ihr Leichtbier im Sortiment hatte. Die Nachfrage sinkt seither.

Starkbier: Bock/Doppelbock	
Biergattung/Bierart	Starkbier/untergärig als Bock und Doppelbock (u.a. -ator-Fastenstark-biere in Bayern), obergärig als Weizenbock und Weizendoppelbock
Stammwürzegehalt in %	16 und mehr, Doppelbock ab 18 (Alkoholgehalt in % vol: 6,5 – 7, Doppelbock ab ca. 7,7)
Charakteristik	vollmundig, goldfarben, goldbraun oder dunkelbraun
Brauprozess	im Vergleich z.B. zu einem Pils wird beim Brauen mehr Malz eingesetzt; dadurch erhöht sich der Stammwürze-gehalt
Geschichte	kommt (wenn die Legende stimmt) aus Norddeutschland, nämlich aus Einbeck bei Hannover; bekannt seit 1351
Sonstiges	Saisonprodukt: Maibock, Weihnachts-bock, Fastenstarkbiere; in Bayern ist die Fastenstarkbierzeit die »5. Jahres-zeit«; um Josephi (19. März) findet in München traditionell der feier-liche Salvator-Anstich auf dem Nockherberg statt

Die Heimat des Starkbiers soll das niedersächsische Einbeck sein. Von dort – so die Legende – bezogen es auch bayerische Herrscher, bis sie auf die Idee kamen, dass es einfacher sei, einen Braumeister zu importieren, als ständig diese Mengen an Bier. Im Jahre 1615 war Elias Pilcher dazu auserkoren, die Kunst des Bockbierbrauens von Einbeck nach München zu brin-gen, und die Bezeichnung für Einbecksches Bier mutierte von

Die Heimat des Starkbiers

»Ainpöcksches« über »Oan Pockisch« und »Oan Pock« zu »ein Bock«. Heute kommt viel Bock aus Bayern, Urbock (hell, dunkel und Mai-Urbock) hingegen ausschließlich aus Einbeck.

Bayerische Starkbiere

Bayerische Starkbiere, die Doppelbockbiere mit einer Stammwürze von 18 % oder mehr, enden gerne mit der Doppelsilbe »ator«, was ursprünglich auf die Verballhornung eines klösterlichen Starkbieres durch weltliche Wirte zurückgeht. Aus »Sankt-Vaters-Bier« wurde »Salvator«, und die Endung behielt man auch für andere Starkbiere bei.

Und hier gleich die erste Rätselfrage: Welches der vier folgenden Produkte ist kein Starkbier: a. Salvator; b. Schallator; c. Terminator; d. Triumphator? (Die Antwort c ist richtig. Der Terminator ist zwar auch stark, aber aus Hollywood.)

Alkoholfreies Bier	
Biergattung/Bierart	Schankbier, Vollbier/obergärig, untergärig
Stammwürzegehalt in %	7–12 (Alkoholgehalt in % vol: unter 0,5)
Charakteristik	gibt es in vielen Geschmacksvarianten, z.B. als Pils, Alt, Kölsch oder Weizenbier
Brauprozess	wie alle deutschen Biere aus Malz, Hopfen, Hefe und Wasser (Reinheitsgebot); während der Gärung wird entweder die Bildung von Alkohol vermindert oder der Alkohol nach der Gärung weitgehend entfernt
Geschichte	eine noch recht junge Biersorte, die sich erst in den letzten Jahren durchgesetzt hat
Bierpflege:	optimale Trinktemperatur 6 bis 7 °C

Bier ist, wie bereits erwähnt, ein überaus gesundes Getränk – vom Alkohol abgesehen, der bekanntermaßen Probleme bereiten kann. Bier schmeckt, und kaum ein anderes Getränk löscht so gut den Durst. Was also tun, wenn man aus den genannten Gründen ein Bier trinken möchte, aber keinen Alkohol, da man körperlich fit und nüchtern bleiben muss? Hierfür gibt es seit einigen Jahren ein umfangreiches, wenn auch bereits wieder nachlassendes Angebot an alkoholfreiem Bier diverser Sorten. Aber – ist alkoholfreies Bier echtes Bier?

Es ist. Es wird weitgehend wie anderes Bier gebraut. Nur wird anschließend der Alkohol durch eine spezielle Filterung (Umkehrosmose) dem Getränk entzogen. Der Restalkoholgehalt von maximal 0,5 % liegt im Bereich desjenigen von Fruchtsäften, bei dem selbst für (alkohol-)empfindliche Menschen kein Einfluss mehr feststellbar sein soll.

Da der Alkohol Geschmacksträger ist, geht damit auch ein Teil des intensiven Biergeschmacks verloren. Mancher Bierfreund verzichtet daher prinzipiell auf den Genuss alkoholfreier Sorten, obwohl sie immer noch besser als manche andere Erfrischungsgetränke munden und vor allem gesünder sind, weil beispielsweise kein Zucker enthalten ist.

Alkoholfreie Biere sind gesund

Wegen des hohen Anteils wichtiger Mineralstoffe und Vitamine gilt alkoholfreies Bier als optimales Fitnessgetränk.

Bis Ende 1992 durften jegliche Biermischgetränke (siehe Tabelle Seite 48) nicht fertig abgefüllt vertrieben, sondern allenfalls in der Gastronomie »vor den Augen des Gastes« hergestellt werden. Mit dem Biersteuergesetz vom 1. Januar 1993 hat sich dies geändert. Langsam aber kontinuierlich nimmt das Angebot an »Radler«, »Alsterwasser« etc., häufig leider in Dosen, zu.

Am bekanntesten sind Mixturen aus gleichen Teilen Bier und Limonade oder Cola. Damit waren bierhaltige Leichtgetränke

Biermischgetränke	
Herstellung	können unter Verwendung aller Biersorten hergestellt werden
Alkoholgehalt in % vol	hängt ab vom Mischungsverhältnis; die üblichen Mischgetränke werden im Verhältnis 1:1 gemischt und enthalten dann ca. 2,5 % Alkohol
Charakteristik	gibt es in vielen Geschmacksvarianten: z.B. Radler, Alsterwasser, Russ'n, Diesel etc.; Biermischgetränke bestehen in der Regel aus Bier und Limonade, Cola o.ä.
Geschichte	als Fertiggetränk noch recht jung; der Verkauf als bereits gemischtes Getränk in Flaschen oder Dosen wurde erst nach Änderung des Biersteuergesetzes 1993 möglich; in der Gastronomie schon lange Tradition
Pflege	optimale Trinktemperatur 6 bis 7 °C

schon lange vor der Erfindung von Leichtbieren verfügbar. Inzwischen sind der Phantasie keine Grenzen mehr gesetzt. Auch andere Spirituosen werden gerne verwendet.

Ein Biermischgetränk ganz besonderer Art

Ein Biermischgetränk besonderer Art kommt aus Hannover: die »Lüttje Lage«, eine Tradition, deren Pflege der Anfänger tunlichst nicht öffentlich, sondern vielleicht besser in der Badewanne üben sollte. In einer Hand hält man mit Daumen, Zeigefinger und kleinem Finger ein Bierglas, und darüber zwischen Zeige-, Mittel- und Ringfinger ein Schnapsglas. Während des Trinkens muss der Schnaps in das Bier, und beides zusammen in den Mund laufen. Natürlich warten die Umstehenden gespannt auf das sich abzeichnende Malheur. Der wahre Meister gönnt ihnen dieses Vergnügen nicht und erntet dafür Anerkennung.

Außerhalb Deutschlands fällt besonders Belgien durch ein krea-
tives Bierangebot auf. Hier gibt es beispielsweise das »Lam-
bic«, ein Bier mit spontaner Vergärung, also ohne Hefezusatz,
welches überdies mit überaltertem Hopfen, der kaum noch Bitterstoffe enthält, hergestellt wird. Man täusche sich nicht über
den Begriff »spontan«, denn die Gärung durch natürliche Hefen
kann sich monate- oder gar jahrelang hinziehen. Den Verschnitt
aus Lambics verschiedenen Alters nennt man »Gueuze«, der
seinerseits gerne mit Früchten wie Kirschen, Erdbeeren, Apri-
kosen, Mirabellen, Bananen usw. angereichert wird und dann
»Kriek« (mit Kirschen, der Geschmack erinnert an Kirschlikör
mit Mineralwasser), Frambozen (mit Himbeeren) oder sonstwie
heißt.

Während man in den meisten europäischen Ländern das Bier
größtenteils und zunehmend im privaten Bereich trinkt, weil
die Gastronomie vielen Verbrauchern offenbar zu teuer wird,
fallen Iren und Spanier als ausgesprochen öffentliche Konsumenten auf. In Spanien werden rund 70 % des Biers in Bars,
Straßencafés und Restaurants ausgeschenkt. Die Iren schießen
den Vogel ab. Sie genießen weit über 80 % ihres Biers in Pubs.

**Weitere Bier-
mischgetränke**

Das Prinzip des Bierbrauens

*»So werden demnach zu Bereitung und Verfertigung eines
rechtschaffenen guten und gerechten Biers, folgende fünf wesentliche
Stücke erfordert, als nemlich:
Für das erste ein gut Malz.
2. Ein guter Hopfen.
3. Ein gut Wasser, und dessen nicht zu viel.
4. Ein guter Himmel oder Luft.
Und dann 5. ein rechtschaffener, erfahrner, fleißiger
und getreuer Bräumeister der an ihme nichts erwinden lasse,
und das Seinige fleißig beobachte.«*
aus: »Der vollkommene Bierbrauer«

**Bierbrauen
benötigt
Sorgfalt**

Das Bierbrauen ist ein mit Sorgfalt durchzuführender Vorgang, dessen Produkt erst nach mehrwöchiger Reifezeit fertig ist. Am Anfang steht das Mälzen. Die Würzebereitung gliedert sich in Maischen, Läutern und Hopfenkochen. Nach der Hefezugabe entstehen durch die Gärung Alkohol und Kohlensäure.

Dieses Kapitel beschreibt zunächst ganz allgemein den Brauvorgang und stellt alte und neue Verfahren einander gegenüber.

*Sudkessel der Gräflich
zu Stolbergschen
Brauerei Westheim im
Sauerland.*

Wenn es Ihnen dabei in den Fingern juckt und Sie sich einmal selbst als Brauer bewähren wollen, dann lesen Sie gleich weiter im Kapitel »Bier selber brauen«.

Mälzen

Vor der eigentlichen Bierherstellung muss erst einmal das Malz gewonnen werden. Man nimmt zumeist zweizeilige Sommergerste, es finden aber auch andere Getreidearten Verwendung, z. B. Roggen für Roggenbier oder Weizen für Weizen- und Altbier.

Zur Bierherstellung benötigt man einen Rohstoff, der viel Zucker für die Gärung und wenig Stärke, die der Haltbarkeit abträglich wäre, enthält. Dafür ist das Getreide an sich ungeeignet, denn ganz im Gegensatz zu diesen Anforderungen besteht es aus wenig Zucker und viel Stärke. Es ist nicht bekannt, wer den genialen Einfall hatte, das Getreide zu mälzen. Tatsache ist aber, dass durch den Mälzvorgang überhaupt erst die Grundlage für eine alkoholische Gärung und damit für die Erzeugung von Bier geschaffen wird.

Mälzen als Grundlage für die alkoholische Gärung

Malz ist zum Keimen gebrachtes Getreide. Bei diesem Vorgang werden Enzyme mobilisiert, die die im Korn ursprünglich vorhandene Stärke später in Substanzen wie Maltose (Malzzucker) oder Dextrin umwandeln und viele weitere Veränderungen im Malz bewirken sollen.

Zum Keimen wurde die quellreife Gerste früher in einer etwa 20 bis 40 cm hohen Schicht (*Beet*) auf dem Boden der Malztenne ausgebreitet und häufiger zum Lüften umgeschaufelt (*gewendet, gewidert*). In der traditionellen *Tennenmälzerei* wird das Malz heute nicht mehr von Hand, sondern z. B. mittels kleiner Elektrofahrzeuge gewendet. Daneben finden heute verschiedene andere Verfahren (*Trommelmälzerei*, *Kastenmälzerei*) bevorzugt Anwendung.

So gewinnt man Grünmalz

Eine geeignete *Haufenführung* (angemessenes Wenden und Lockern der Masse) gewährleistet die richtige Temperatur und Feuchtigkeit für einen langsamen Keimvorgang. Dabei sollen die innere (enzymatische) und äußere Entwicklung des Korns (Wachstumserscheinungen) wie beim natürlichen Keimen auch im Gleichgewicht bleiben. Das frisch keimende Getreide nennt man *Grünmalz*.

Grünmalz: keimendes Getreide (Weizen) *in einer Mälzerei.*

> **Die Keimung verwandelt das Rohprodukt Gerste (oder andere Getreide) in das Kulturprodukt Malz.**

In idealerweise auf 10 bis 12 °C temperierten Tennen keimt das Malz etwa eine bis zwei Wochen, bevor es zum *Darren* (Trocknen, Dörren) auf die *Darre* kommt. Durch den siebartigen Boden (*Horde*) steigt warme Luft auf, die das Grünmalz zunächst mit hohem Luftdurchsatz bei geringer Hitze vorsichtig antrocknet (*schwelkt*), um die Keimung zu beenden. Anschließend wird bei höheren Temperaturen (bis etwa 105 °C) gedarrt und aus Grünmalz entsteht das fertige *Braumalz*. Je länger oder wärmer gedarrt wird, desto mehr Röstprodukte entstehen, desto dunkler wird das Malz.

Die Helligkeit des Malzes ist ausschlaggebend für die spätere Farbe und den Geschmack des Biers. Helle Malze sind ergiebiger und enthalten einen höheren Enzymanteil. Bei dunklen Malzen hingegen ist ein Teil der löslichen Bestandteile durch das Rösten unlöslich geworden. Grundsätzlich lassen sich aber beliebige Farbabstufungen erzielen – bis hin zum schwarzbraunen *Farbmalz*, mit dessen Dosierung (eine geringe Menge wird dem hellen Malz zugesetzt) man beim Brauen vorsichtig sein muss. Farbmalz wird bei 170 bis 200 °C in speziellen Rösttrommeln gewonnen, das hellere *Caramelmalz* immerhin noch bei 150 °C.

Auch beim Mälzvorgang gibt es Modifikationen. So darrt die Brauerei Heller in Bamberg, die das berühmte »Aecht Schlenkerla Rauchbier« herstellt, das Grünmalz über einem Feuer aus Buchenholzscheiten. Daher der markante Geschmack, der ein wenig an Räucherschinken erinnert. Nicht jedermanns Sache.

Ein anderes mit Spezialmalz gebrautes Bier ist das sogenannte »Highlander«. Hierfür nimmt man über schottischen Torffeuern gedarrtes Malz, das sonst die Grundlage für edlen schottischen Malt Whisky darstellt. Dessen Bereitung ähnelt derjenigen von Bier. Destilliert wird in diesem Fall freilich ein *Jungbier*, dem jegliche Hopfenzugabe fehlt.

Doch zurück in die Mälzerei. Dort ist nun die wesentliche Arbeit getan. Nach dem Darren wandert das Malz durch eine Entkeimungsmaschine, in der es von den Keimlingen befreit wird. Diese geben ein nahrhaftes Viehfutter ab. Das Malz wird noch einmal gereinigt, dann in Silos gelagert und an die Brauereien geliefert. Um sein volles Aroma zu erhalten, sollte man es innerhalb von drei Monaten verarbeiten.

Das fertige Malz ist ein wenig mürbe – nicht mehr so hart und fest wie das ursprüngliche Korn. Es schmeckt angenehm süßlich und muss vor der weiteren Bearbeitung geschrotet werden. Die

Die Farbe bestimmt den Geschmack

Spelzen oder Hülsen der Körner sollen dabei möglichst intakt bleiben, damit sie beim späteren *Läutern* als Filterschicht dienen können und damit in ihnen enthaltene unangenehme Geschmacksstoffe nicht freigesetzt werden. Der Mehlkörper hingegen kann zur Verbesserung der Ausbeute fein gemahlen werden.

Brauereien schroten das Malz erst unmittelbar vor dem Einmaischen. Manche feuchten es vorher an, damit sie beim Mahlen die Spelzen besser von den Mehlkörpern trennen können. Die Spelzen leiten sie direkt in den Läuterbottich, um eine natürliche Filterschicht aufzubauen.

Damit sind die nächsten Herstellungsschritte, Maischen und Läutern, vorbereitet.

Würzebereitung

Maischen mit Wasser und Malz

Die Würzebereitung setzt sich aus den Komponenten Maischen, Abläutern, Kochen und Hopfen der Würze zusammen. Für das *Maischen* (von Mischen) kommen Wasser und Malz zum Einsatz. Das Wasser wird Guss genannt, und zwar *Hauptguss* die Wassermenge, die mit Malz versetzt und stufenweise erwärmt wird, und *Nachguss* das nach dem Läutern zum Auswaschen des Restzuckers benötigte Quantum. Das Malz, zumeist eine Mischung aus verschiedenen Malzsorten, heißt *Schüttung*. Hauptguss und Schüttung ergeben die *Maische*.

Grundsätzlich unterscheidet man zwei Maischverfahren. Beim *Dekoktionsverfahren* werden Teile der Maische (*Kochmaische*) ein- oder mehrmals zum Kochen gebracht und anschließend der stehenden Bottichmaische zugebrüht. Dieses Verfahren wird von Brauereien in Deutschland bevorzugt, weil es ergiebiger ist. Beim *Infusionsverfahren* erwärmt man die *Gesamtmaische* durch

Zugabe heißen Wassers oder mittels eines Heizwerks stufenweise bis auf 78 °C. Aufgrund seiner relativen Einfachheit eignet sich dieses Verfahren besonders gut für Hobbybrauer. Das Infusionsverfahren überlässt sämtliche Abbau- und Umwandlungsprozesse den Enzymen, während beim Dekoktionsverfahren ein Teil dieser Aufschließung durch das Kochen auf physikochemischem Wege (sprich: durch Hitzeeinwirkung) erfolgt.

> **Das Maischen dient der Auslaugung löslicher Substanzen aus dem Malz. Die Aufmerksamkeit gilt vor allem der Umwandlung unlöslicher Bestandteile in lösliche durch enzymatische Tätigkeit. Eine gezielte Steuerung dieser biochemischen Prozesse macht das Maischen erst zu einem arbeitsintensiven Unterfangen.**

Die Maische wird also erwärmt, wobei der Prozess in bestimmten Temperaturbereichen längere Zeit verweilen (rasten) muss, damit die gewünschten Substanzen, z.B. Maltose und Dextrine, durch stärkeabbauende *Enzyme* (Amylasen oder Diastasen) erzeugt und aus dem Malz gelöst werden können.

Die Maische wird erwärmt

Maltose ist vergärbar, Dextrine sind es nur zum Teil. Je mehr Maltose und weniger Dextrine der Extrakt enthält, desto vollständiger vergärt er, der *Vergärungsgrad* ist höher. Helle, diastasehaltigere Malze verzuckern schneller als dunkle Malze, bei denen sich weniger Maltose und mehr Dextrine bilden. Ihr Vergärungsgrad ist daher niedriger. So bleibt mehr Extrakt unvergoren, weshalb dunklere Biere in der Regel vollmundiger und malziger schmecken.

Temperatur beeinflusst die enzymatische Tätigkeit, und so kann man mit ihr steuernd eingreifen. Zwischen 56 und 65 °C entsteht besonders viel Maltose und besonders wenig Dextrin. Ab 65 °C bildet sich umgekehrt wenig Maltose und viel Dextrin. Variationen der Verweildauer in verschiedenen Temperaturbereichen erlauben eine Steuerung der jeweiligen Umwandlungsprozesse.

Die Maische wird geliefert

Bis 78 °C wird die Maische erhitzt. Dann folgt das *Abläutern* bzw. das Filtern der Maische, um *Treber* (die festen Bestandteile) und *Würze* vollständig voneinander zu trennen. Die Maische wird in den Läuterbottich gepumpt, in dem der Treber verbleibt, während die Würze durch einen herausnehmbaren Siebboden, *Senkboden* genannt, abläuft.

Blick in den Läuterbottich der Brauerei Friedmann in Gräfenberg, Fränkische Schweiz; Aufhacker und Senkboden sind deutlich zu sehen.

Anfangs ist die Würze recht trüb. Diese *Trübwürze* pumpt man zurück in den Läuterbottich. Die weitere aus der Maische stammende Flüssigkeit heißt *Vorderwürze*. Sie fließt in die *Würzepfanne*. Im Treber enthaltene Restwürze wird mit 78 °C heißem Wasser ausgelaugt oder *angeschwänzt*, wobei man die *Nachgusswürze* gewinnt. Dabei ist der Treber zu lockern, denn sonst würde kein Wasser mehr durch seine feste Masse hindurchsickern. Die letzten Nachgüsse, kaum noch würzehaltig (unter 0,5 % Extrakt), heißen *Glattwasser*. Sie lassen sich immerhin zum Einmaischen des nächsten Sudes verwenden, enthalten aber unreine Geschmacksstoffe, weshalb man sie oftmals einfach ablaufen lässt.

Der Treber – das ausgelaugte Malz – ist sehr eiweißreich und wird als hochwertiges Viehfutter verwendet. Man kann damit auch Brot backen, aber die Spelzen sind nicht jedermanns Sache.

Sind Läutervorgang und Anschwänzen abgeschlossen und Vorderwürze wie Nachgüsse in der Würzpfanne (Würzekessel) gesammelt, sagt der Brauer, dass die *Pfanne voll* sei. Die Würze muss nun längere Zeit kochen. In dieser Phase, dem *Hopfensud* oder *Hopfenkochen*, wird der Hopfen in mehreren Partien zugesetzt, ein Teil aber erst gegen Ende des Kochens, da das Hopfenöl sonst verkochen würde. Kochdauer und Hopfenzugabe hängen von der gewünschten Art des Biers ab.

Blick in den Sudkessel der Berg Brauerei Ulrich Zimmermann in Ehingen-Berg, Schwäbische Alb. Geheizt wird mit Wasserdampf. Am Boden das Rührwerk.

Durch das Verdampfen von Wasser (etwa 8 bis 10 % des Pfanneninhalts pro Stunde) erhöht sich die Konzentration. Zugleich bewirkt der Hopfen chemische Umwandlungen, Ausscheidungen von geronnenen Eiweißstoffen und Stärkeresten (*Bruch*), Abtötung von Keimen und Enzymen usw. Die Extraktion wirksamer Bestandteile des Hopfens (ätherische Öle, Bitterstoffe, Harze, Gerbstoffe u.a.) ist von größter Bedeutung für den markanten Geschmack und das typische Aroma des Biers, für Schaumbildung und Haltbarkeit.

Die Würze wird ausgeschlagen

Nach dem Hopfensud wird die Würze *ausgeschlagen*, d.h. in den Hopfenseiher abgelassen. Sie heißt daher *Ausschlagwürze*. Hopfen und Bruch bleiben im Filter zurück. Dieser *Hopfentreber* kann als hochwertiger Dünger verwendet oder Komposthaufen zugesetzt werden. Die recht klare, aber noch heiße Würze ist nun zu kühlen.

Dazu floss die Würze früher in große, flache Bassins, *Kühlschiffe*, *Kühlstöcke* oder *Setzbottiche* genannt. Viele Brauereien verwendeten auch Würzeberieselungskühler – kupferne Gestelle, in deren Röhren von unten nach oben kaltes Wasser floss, während die heiße Würze an der Außenseite herabrieselte (Gegenstromprinzip). Um der Gefahr einer Fehlgärung durch allzu viele natürlicherweise in der Luft schwebende Pilze und andere Verunreinigungen vorzubeugen (neben der alkoholischen Gärung kann eine unerwünschte Milchsäure-, Buttersäure- oder Essigsäuregärung stattfinden), sollte der Vorgang flott vonstatten gehen, was man mitunter durch in die Kühlstöcke gehängte oder gestellte, mit Eis gefüllte Eimer unterstützte. Hilfreich war überdies eine keimfreie Belüftungsanlage, die solche Quellen der Verderbnis gar nicht erst ins Kühlhaus ließ.

Heute kühlt man die Würze schnell mit Plattenkühlern und Wärmetauschern, wobei ein Teil der entzogenen Wärme zum Aufheizen von Wasser oder Maische nutzbar ist.

Ist eine Temperatur von etwa 5 bis 10 °C erreicht, wird die Würze erneut gefiltert, denn beim Auskühlen ist weiterer Trub

(das *Kühlgeläger*, eine Masse aus Eiweißkörpern, Hopfenharzen und Hopfenpartikeln) ausgeflockt. Anschließend pumpt man die Würze in Gärbottiche oder Gärtanks.

Gärung

Nach Beendigung des Kühlvorganges setzt man der Würze Hefe zu, die die Gärung, eine Umwandlung des Malzzuckers in Alkohol und Kohlensäure, bewirkt. Die Hefezugabe heißt *Anstellen*. Eine zunächst heftige *Hauptgärung* geht nach etwa zwei Tagen bis zwei Wochen in ruhigere *Nachgärung* über.

Hefe wird zugesetzt

Abhängig von der Hefe unterscheidet man zwei Gärungen: *Ober-* und *Untergärung*. Untergärige Biere wie Pilsener, Bockbier oder Märzen benötigen eine Temperatur von 5 bis 12 °C für die Hauptgärung. Die Hefe sammelt sich am Boden des Gärbehältnisses, daher die Bezeichnung »untergärig«. Obergärige Biere, beispielsweise Weizen- oder Altbier, gären bei einer Temperatur von 12 bis 25 °C. Bei ihnen sammelt sich die Hefe an der Oberfläche, von der man sie abschöpfen kann.

Noch zu Zeiten der Niederlegung des Reinheitsgebotes wurde der Würze keine Hefe beigefügt. Wilde Hefepilze sind in der Luft vorhanden und gelangen daher auch in die Würze, so dass die Gärung eher zufällig stattfand (*spontane Gärung*). Man hatte zwar beobachtet, dass das Bier in Bäckereien besonders gut gelingt, kannte aber die Ursache dieses wundersamen Phänomens nicht, das natürlich auf das massive Vorhandensein von Backhefen zurückzuführen war.

> Bevor die gezielte Hefezugabe in Gebrauch kam, brachten in der Luft enthaltene »wilde« Hefepilze die Würze zum Gären. Fehlgärungen waren an der Tagesordnung.

Früher waren die Gärbottiche im *Gärkeller* zur Aufnahme der *Anstell-* oder *Stammwürze* aus Eichen-, seltener Lärchenholz, vereinzelt auch aus Schieferplatten zusammengesetzt, mit einem Volumen von 20 bis 30 hl. Nach dem Anstellen wurde die Hefe mit der Würze mittels eines hölzernen Schöpfers sorgsam vermengt und durchlüftet. Heute geschieht dies maschinell, und für die Gärung kommen zumeist Stahltanks mit Überdruckventilen zum Einsatz.

Die Gärführung bestimmt den Gärungsprozess

Der Braumeister kann nun Einfluss auf den Gärungsprozess nehmen, indem er Hefegabe, Gärtemperaturen, Lüftung und Gärdauer regelt, was als *Gärführung* bezeichnet wird. Die Obergärung verläuft heftiger, schneller und bei höheren Temperaturen als die Untergärung. Es gilt aber: Je langsamer und je kühler eine Gärung stattfindet, desto haltbarer ist das entstehende Bier.

Den Fortgang der Gärung überwacht man mit einem *Saccharometer*, auch *Aräometer* oder *Bierspindel* genannt. An ihm lässt sich ablesen, wie der Extraktgehalt der Würze abnimmt, denn aus dem Zucker (schwerer als Wasser) wird Alkohol (leichter als Wasser). Das spezifische Gewicht der Flüssigkeit geht also zurück. Die Spindel sinkt daher – physikalischen Gesetzen gehorchend – mit fortschreitender Gärung immer tiefer in die Würze ein, und an der Skala im aufrecht stehenden Glaszylinder, in der Regel am oberen Meniskus der Würzeoberfläche, liest man die Stammwürze ab.

Eine gewisse vergärbare Extraktmenge muss jedoch erhalten bleiben, damit die Nachgärung stattfinden kann. Während dieser bindet sich die Kohlensäure im Bier, was es so spritzig und erfrischend macht, wie es sein muss. Ist der rechte Zeitpunkt gekommen und die Hauptgärung beendet, wird das noch unfertige Getränk zur Nachgärung in Flaschen, Fässer oder im industriellen Rahmen in der Regel in Tanks gepumpt (*geschlaucht*).

Lagerung, Nachbehandlung und Vertrieb

Nach Abschluss der Hauptgärung tritt das *Grün-* oder *Jungbier* in den neuen Gefäßen in die Nachgärung ein, die ruhig und langwierig verläuft. Stetig entwickelt sich dabei Kohlensäure, wird vom Bier gebunden und reichert sich immer mehr an.

Das Jungbier tritt in die Nachgärung ein

Während der Lagerung reift das Bier. Jungbier ist zwar schon richtiges Bier, aber es hat seinen markanten Charakter noch nicht entwickelt. Der bittere Geschmack des Hopfens dominiert, vielleicht auch der Röstgeschmack dunklen Malzes, das der Schüttung beigemischt war. Feinere aromatische Nuancen und eine harmonische Abrundung stellen sich erst mit der Zeit ein. Neben der Dauer der Lagerung beeinflussen weitere Faktoren Qualität und Geschmack des Biers: Lagertemperatur, Temperaturschwankungen, Lagergefäße, Umgebung.

Moderne Lagertanks in der Lokalbrauerei Waldrast in Münsingen-Auingen, Schwäbische Alb.

Manche Biere reifen drei Monate und länger. Freilich entstehen dabei höhere Lagerkosten, so dass der Verbraucher für diese Biere mehr bezahlen muss. Die geschmacklichen Vorlieben sind jedoch sehr unterschiedlich, weshalb dem Einzelnen ein lange gelagertes Bier nicht notwendigerweise besser schmecken muss. Nach einer bestimmten Zeit ist der optimale Reifepunkt überschritten. Danach wird das Bier »zu harmonisch«, d. h. es verliert seine besondere Note.

Das ausgereifte Bier wird gefiltert

In der Regel sind Biere hellgelb bis bräunlich oder gar schwarz. In diesem Spektrum sind Bezeichnungen wie bernstein- oder kupferfarben zu finden. Biere sind – von Hefeweizen als bekanntester Ausnahme abgesehen – klar, was aber durchaus nicht der natürliche Zustand ist. Um ihnen dieses kristalline, *glanzfeine* Aussehen zu verleihen sowie die Haltbarkeit zu verbessern, filtert man das ausgereifte Bier vor dem Abfüllen in Flaschen noch einmal. Mit den Trub- und Schwebstoffen gehen jedoch

Geschmacksträger verloren, die in naturtrüben oder heimge-
brauten Bieren erhalten bleiben und beim Genuss derselben
ganz andere Erlebnisse an Vollmundigkeit, Würze und Aroma
vermitteln.

Nach Ansicht der Industrie verlangt der Verbraucher vollkommene Klarheit. Mag sein. Das Reinheitsgebot bezieht sich freilich nicht auf das Aussehen. Gelungene Biere klären sich nach
beendeter Nachgärung von alleine, indem die Trubstoffe zu
Boden sinken. Beim Einschenken verwirbeln sie zwar teilweise
wieder, doch heutzutage sieht man das nicht immer, aber
immer öfter nicht mehr ganz so eng – dank einer gestiegenen
Nachfrage nach »natürlichen« Produkten. Für naturtrüben
Apfelsaft wird geworben, und auch Bier darf schon mal wieder
ungefiltert daherkommen. Zum Leidwesen der Hobbybrauer,
die andernfalls ihr Erzeugnis genüsslich alleine trinken könn-
ten.

**Die Nachfrage
an naturtrübem
Bier wächst**

Übrigens: *Brauerpech* ist nicht, wenn der Hobbybrauer von
seinem eigenen Bier am wenigsten abbekommt, sondern das
Material, mit dem die früher gebräuchlichen Holzfässer innen
überzogen wurden, um sie abzudichten und leichter reinigen
zu können. Es stammte aus dem Harz bestimmter Nadelbäume,
dessen aromatische und andere unerwünschte Substanzen man
durch Erhitzen und Destillieren entfernte. Die Fässer sollten
vor jedem Befüllen »gepicht« werden, was sie gleichzeitig
sterilisierte. Bei »modernen« Anlagen vor etwa fünfzig Jahren
rechnete man mit einem Pechverbrauch von 0,25 bis 0,3 kg je
Hektoliter Bier. Zu der Zeit kamen aber auch schon Stahl- und
Aluminiumfässer auf und 1964 die heute noch gebräuchlichen
Edelstahl-Kegs mit eingelassenem Steigrohr zum Reinigen und
Befüllen. Selbstverständlich sind sie genormt und ersparen
dem Abfüller viel Arbeit und viel Pech.

Ab dem späten 19. Jahrhundert wurde Bier für den Heimkonsum
zunehmend in Flaschen, Kruken, Kannen oder Krüge gefüllt.

Jede Brauerei hatte ihre eigenen Flaschen. Etiketten gab es noch kaum. Stattdessen war der Brauereiname auf das Glas geprägt. Die Mechanisierung beim Abfüllen machte zunehmend genormte Höhen, Halsweiten und Gewichte erforderlich.

Flaschenabfüller, alte Bierkästen (Holz und Metall) und Etikettier- maschine im Museum der Berg Brauerei.

Ab dem 1. April 1936 durften nur noch Flaschen mit 0,33 Liter, 0,5 Liter, 0,7 Liter und 1,0 Liter Inhalt benutzt werden. Doch erst in den 50er Jahren kamen Einheits-Pfandflaschen auf, die Flaschendiebstahl und gerichtliche Auseinandersetzungen wegen missbräuchlicher Benutzung brauereieigener Flaschen vermeidbar machten. Aber immer noch gibt es spezielle Formen. Es gibt Bügel- und Kapselverschlüsse. Und es gibt verschiedene Farben.

Sonnenlicht verändert den Geschmack

Bereits vor über hundert Jahren war bekannt, dass »in Flaschen aus weissem Glase sich durch die Einwirkung des Lichtes das Bier sehr gern verändert, indem es bald einen üblen Geschmack annimmt«, so das »Lehrbuch der Bierbrauerei« von 1875. Die Ursache ist heute bekannt. UV-A-Strahlen im Sonnenlicht verur- sachen organische Reaktionen von Bitterstoffen des Hopfens.

Ablauf der Bierherstellung

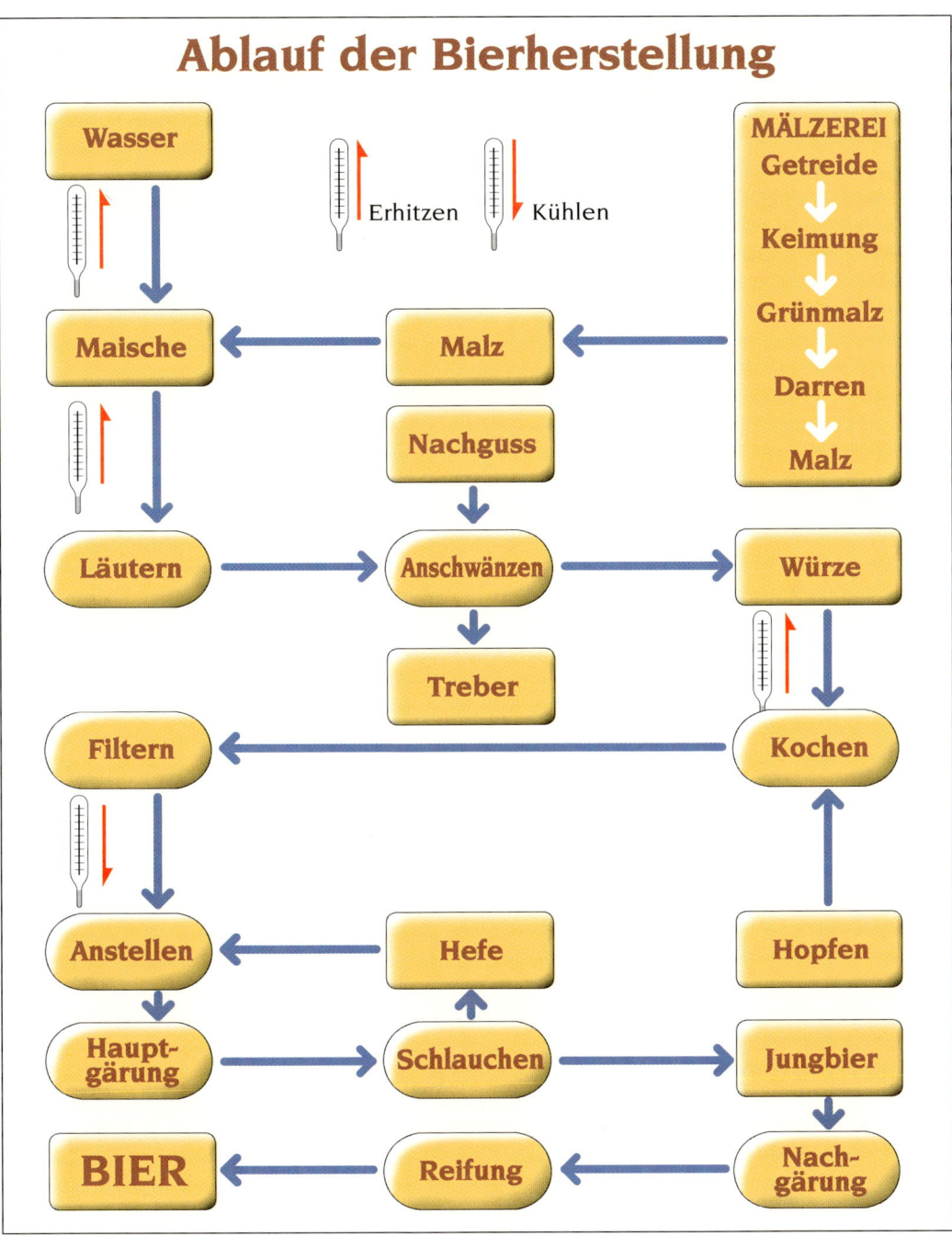

Es entsteht Methyl-Buten-Thiol, das – der Name lässt es erahnen – bereits in sehr geringen Konzentrationen den Geschmack negativ beeinflusst.

So lagert Bier richtig

Man sollte daher insbesondere empfindlicheres, helles Bier vornehmlich in braunen Flaschen kaufen, darauf achten, dass es im Geschäft möglichst wenig dem Licht (auch keinem Kunstlicht) ausgesetzt war, und nach dem Kauf dunkel und die Flaschen stehend lagern. Allzu lange aufbewahren sollte man es auch nicht.

> Bier ist sehr lichtempfindlich. Es sollte daher stets in braunen Flaschen aufbewahrt werden.

In der Flasche landet das Getränk also endlich beim durstigen Verbraucher. Von den im Reinheitsgebot festgeschriebenen Rohstoffen bis zum fertigen Bier hat es einen langen und mehrstufigen Umwandlungsprozess hinter sich gebracht, den das Schema auf Seite 65 noch einmal im Überblick skizziert. Sowohl für industriell hergestelltes als auch für heimgebrautes Bier hat diese Grafik Gültigkeit. Davon kann sich überzeugen, wer gerne einmal ein eigenes Bier brauen möchte. Mehr dazu im nächsten Kapitel.

Bier selber brauen

»Diese Bier dauren am besten, die guten und viel Hopfen haben, der wohl gesotten hat, nicht zu sehr auch nicht zu wenig, dann Maase ist zu allen Dingen gut, man pfleget ihn gemeiniglich drei Stunden sieden zu lassen. (...) Böse Bier kommen aus böser untüchtiger Materien, Gersten, Waitzen, Habern, Rocken und Hopfen, sonderlich wann auch die bösen Brauer noch darzu kommen, und die Materien mit ihren bösen Handgriffen, Unachtsamkeit, Faulheit und anderen Dingen verwahrlosen und verderben ...«
aus: »Der vollkommene Bierbrauer«

Ohne Zweifel: Die Krönung des Genusses ist ein selbst gebrautes Bier, insbesondere, wenn es zudem noch gelungen ist. Möchte man wissen, wie dieses Getränk entsteht, kann man natürlich Brauereien besichtigen oder Bücher lesen, aber das ist alles mehr oder weniger Theorie. Wir halten uns getrost an die Erkenntnis, dass Selbermachen der beste Lehrmeister ist.

> Auch das Brauen geringster Mengen muss beim Hauptzollamt formlos angemeldet werden. Steuern sind erst ab 200 Liter Bier pro Jahr fällig (siehe »Biersteuern und Gesetze«, Seite 131 ff).

Bierbrauen ist ein leicht durchführbares Hobby. Außer einigen speziellen Gerätschaften und den Zutaten bedarf es keiner besonderen Vorkehrungen. Als »Brauerei« reicht eine normale Küche. Sie benötigen etwa einen Meter Arbeitsfläche (mindestens 50 cm tief), fließend heißes und kaltes Wasser, Stromanschluss und einen abwischbaren Fußboden.

Selber Bier brauen ist unkompliziert

Sofern Sie über einen Einkochtopf mit Heizwerk verfügen, also nicht auf den Herd angewiesen sind, können Sie im Sommer auch sehr schön auf der Terrasse Ihr Bier brauen. Nur einen Stromanschluss müssen Sie dann nach draußen legen.

Dann müssen Sie sich Zeit nehmen, nämlich ungefähr sechs bis acht Stunden ohne Unterbrechung. Wer keine Nachtschicht einlegen möchte, sollte spätestens nach dem Mittagessen anfangen. In der zweiten Hälfte dieses Zeitraums kann man wohl auch die eine oder andere Pause einlegen, aber allzu weit sollte man sich nicht vom Tatort entfernen.

Grundsätzlich können Sie den Brauprozess alleine bewältigen, doch in manchen Situationen, beispielsweise wenn das Telefon klingelt, schadet ein Assistent nicht. Freunde beim Genießen des Biers sind leicht zu finden – sollen sie sich doch auch beim Brauen bewähren! Außerdem ist es mit ein wenig Gesellschaft unterhaltsamer.

Schließlich sollten Sie genau prüfen, ob sämtliche Gerätschaften und Zutaten verfügbar sind. Dazu folgt auf Seite 74 eine Checkliste.

Geräte und Zutaten

Die Geräte sinnvoll und preiswert zusammenstellen

Ich werde hier das Brauen mit einfachen und sinnvollen Gerätschaften vorstellen. Nach anfänglichen Filter- und Abfüllversuchen mit Eimern, Sieben, Tüchern und Schläuchen verwende und empfehle ich jetzt – Betonung auf sinnvoll! – ein geschickt zusammengestelltes *System aus Filter- und Gäreimer*, womit das umständliche, fehleranfällige und mitunter zäh vonstatten gehende Hantieren mit den erstgenannten Utensilien stark vereinfacht wird. Die Kosten liegen nur knapp über 100 Mark. Die Investition lohnt sich. Sie haben für unwesentlich höhere Anschaffungskosten eine deutlich bessere Ausstattung, als in den meisten Brauanleitungen empfohlen. Auf eine ausführliche Beschreibung des Umgangs mit Eimern, Sieben, Mullwindeln, Schläuchen, Trichtern etc. verzichte ich daher. Trotzdem werden aber auch Benutzer solcher Geräte Hinweise erhalten.

Sudkessel

Das Herzstück ist ein Einkochtopf, am besten mit eingebauter Heizvorrichtung. Diese ist ausreichend, um auch bei gefülltem Topf den Inhalt in erträglicher Zeit zu erhitzen und zu kochen. Am größten ist hier die Auswahl in der Saison (Frühjahr bis Herbst). Im Winter kann die Suche etwas länger dauern. So ein Topf kostet je nach Ausstattung etwa 120 bis 150 Mark. Zur Not kann man sich mit einem großen Topf auf dem Herd behelfen, doch erstens ist ein solcher kaum billiger, und zweitens kann es sein, dass die Heizkraft des Herdes nicht ausreicht, um den Inhalt zum Kochen zu bringen. Man sollte übrigens auf eine durchgehende Emaillebeschichtung Wert legen. Dann ist der Topf besser zu reinigen und hält immer dicht. Übrigens kocht der Sud schneller und intensiver, wenn man zur Isolierung ein Handtuch, eine Decke oder Ähnliches herumwickelt.

Ideal ist ein Einkochtopf mit Emaillebeschichtung

Kochlöffel oder Maischepaddel

Damit sie nicht anbrennt, muss die Maische während des Erhitzens ständig gerührt werden. Dazu empfiehlt sich ein mindestens 60 cm langer, hölzerner Kochlöffel, den man mit zwei Händen packen und kräftig bewegen kann. Ein Rührlöffel von gewöhnlicher Länge ist ungeeignet, wie man nach spätestens fünf Minuten feststellen wird.

Thermometer

Zum Messen der Temperatur braucht man ein Thermometer mit einer präzisen, gradgenauen Skala bis 100 °C. Man kann schöne und handliche Thermometer für ungefähr zehn Mark erwerben. Zur Not reicht auch ein gewöhnliches Einkochthermometer in

Metallhülse mit einem Teilstrich pro fünf Grad. Es fällt nicht allzu schwer, die einzelnen Grade zu schätzen, da die Abstände recht groß sind.

Kühlen: einfache Methode in der Badewanne.

Behältnisse zum Kühlen

Nach dem Kochen ist die Würze schnellstmöglich zu kühlen. Das ist bei der anfallenden Menge gar nicht so leicht und braucht seine Zeit. Ohne Eingriffe würde es Stunden dauern. Was also tun? Einfach ist es, die Würze auf mehrere Eimer zu verteilen und diese in eine mit kaltem Wasser gefüllte Badewanne zu stellen. Aber Achtung! Leicht kommt zuviel Wasser in die Wanne, die Eimer erhalten Auftrieb und schwimmen oder kippen um. Dann war die Arbeit umsonst. Deshalb erst die Eimer in die Wanne stellen, dann das kalte Wasser einlassen.

In den kälteren Jahreszeiten kann man die Würze zum Kühlen auch gut nach draußen stellen, insbesondere bei weniger als 10 °C und frischem Wind. Es sollten aber weder Niederschlag oder fliegende Blätter, noch neugierige Tiere oder Menschen an die Eimer gelangen.

So bauen Sie eine Kühlschlange

Wenn Sie häufiger Bier brauen, lohnt es sich, eine Kühlschlange zu bauen, mit der Sie die Kühlzeit von mindestens zwei Stunden auf höchstens eine halbe Stunde reduzieren können. Das funktioniert sehr einfach. Sie kaufen sich etwa fünf Meter Kupferrohr (von der Rolle; etwa fünf Mark pro Meter). Die Windungen müssen Sie enger biegen, damit die Kühlschlange in den Braueimer passt. Hierzu spannen Sie ein Rundholz mit einem Durchmesser von mindestens 10 cm in eine Werkbank. Über diesem Rundholz biegen Sie das Rohr vorsichtig auf den

gewünschten Umfang und vergessen Zu- und Ablauf nicht. Dann müssen Sie die Apparatur nur noch mit einem Schlauch am Wasserhahn anschließen.

Selbst gebaute Kühl-spirale aus Kupfer.

Bierspindel und Messzylinder

Während des Kochens und der Hauptgärung verfolgen Sie die Entwicklung des Extraktgehaltes mittels einer Bierspindel (Saccharometer). Dabei handelt es sich um einen länglichen, unten breiten und oben schmalen Glaskolben, in dem eine gedruckte Skala eingeschlossen ist. Für unsere Zwecke genügt eine einfache Spindel mit einem Messbereich von 0 bis 25 %, die ungefähr zehn Mark kostet. Sie schwimmt aufrecht an der Oberfläche der Würze. Am oberen Meniskus (die Oberfläche der Würze zieht sich um den Glaskolben der Spindel etwas in die Höhe) liest man auf der Skala den Stammwürzegehalt ab.

Eine einfache Spindel genügt

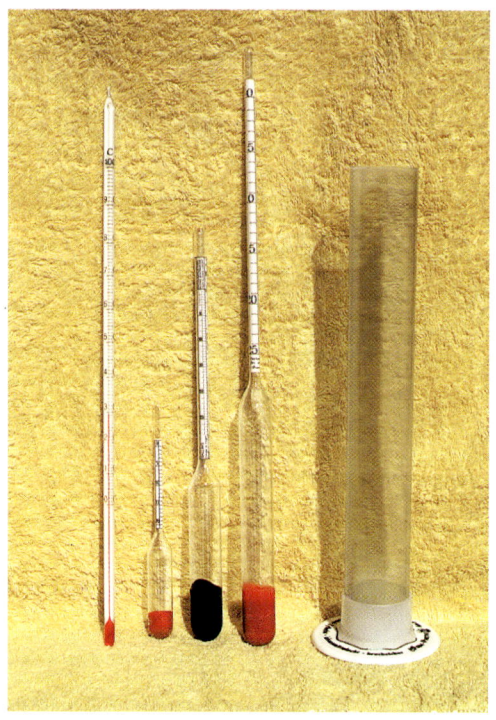

Gewöhnliche Spindeln sind auf eine Temperatur von 20 °C geeicht. Je größer die Temperaturabweichung, desto ungenauer die Messung. Größere, auf 0,2 % genau anzeigende Spindeln gibt es bereits für 30 Mark. Ein zur Spindel passender *Messzylinder* aus Kunststoff kostet etwa fünf Mark.

Brauereien verwenden professionelle Bierspindeln, von denen man einen Satz benötigt, da sie in Fünf-Prozent-Schritten messen (0 bis 5 %, 5 bis 10 % usw.), z. T. sogar nur den Bereich eines Prozentes, etwa von 8 bis 9 %. Sie sind beträchtlich größer, erlauben ein Ablesen des Stammwürzegehaltes bis auf zwei Stellen hinter dem Komma und enthalten ein Thermometer und eine Korrekturskala, weil sich mit der Temperatur die Dichte (und damit der Auftrieb der Spindel) ändert. Es sind handgefertigte Präzisionsinstrumente, sehr schön, aber auch bedeutend teurer.

Brauutensilien: Thermometer, drei Bierspindeln, Standzylinder.

Gäreimer und Abfüllrohr

Den Einkochtopf zugleich als Gareimer benutzen

Für die Hauptgärung (siehe Seite 89 ff) brauchen Sie ein Behältnis. Es genügt der Einkochtopf, wenn er solange nicht anderweitig gebraucht wird. Bei dem erwähnten Set ist der Gäreimer bereits enthalten. Zu diesem gehört – ideal! – ein am Ablaufhahn befestigtes Abfüllrohr, das sich automatisch (mittels Schwerkraft) schließt, wenn die gefüllte Flasche abgenommen wird, was eine einhändige Bedienung durch eine Person zulässt. Wenn Sie kein Abfüllrohr benutzen, benötigen Sie wahrscheinlich einen Schlauch mit Schlauchklemme.

Flaschen

Nach der Hauptgärung wird das Jungbier endgültig abgefüllt, um zu reifen. Man benötigt Gefäße, die einem gewissen Überdruck standhalten können. Es gibt allerlei zu kaufen, aber mein Tipp, der praktisch kostenlos die ideale Lösung liefert, ist folgender: Besorgen Sie sich rechtzeitig genügend Kisten mit Bier in Bügelverschlussflaschen. Rechtzeitig meint: Sie müssen die Flaschen natürlich austrinken. Es besteht die Wahl zwischen Drittel- und Halbliterflaschen. Die Flaschen müssen sorgfältig gereinigt, Etiketten abgelöst und Gummidichtungen ausgekocht werden. Sollten die Dichtungen rissig oder in anderer Weise unbrauchbar werden, kann man sie nachkaufen.

Geeignet sind zur Not auch Mineralwasser- bzw. Limonadeflaschen mit Schraubverschluss. Es ist aber schon ein wenig frevelhaft, Bier aus solchen Flaschen einzuschenken. Wenn diese aus weißem Glas bestehen, müssen sie natürlich dunkel lagern.

Am besten sind dunkle Flaschen mit Bügelverschluss

Jod

Während des Maischens sollte die Jodprobe gemacht werden. Wenn Sie keine Jodtinktur in der Hausapotheke haben, besorgen Sie sich ein Fläschchen, am besten mit Pipette. Sie brauchen immer nur wenige Tropfen, deshalb kann es eine kleine Flasche sein, und auch die wird jahrelang halten.

Zutaten

Das Vorhandensein von Trinkwasser setze ich voraus. Je weicher, desto besser. Des Weiteren (siehe Reinheitsgebot) brauchen Sie – in schwankenden Mengen, je nach Rezeptur – grob

gemahlenes Gersten- oder anderes Malz, Hopfen und ober-
oder untergärige Hefe. Sie bekommen die Zutaten im Versand-
handel.

Checkliste

**Geräte und
Zutaten auf
einen Blick**

Ich fasse noch einmal kurz in einer Checkliste zusammen:
- Einkochtopf (z.B. 29 Liter) mit eigener Heizvorrichtung
- Rührlöffel aus Holz, mindestens 60 cm lang
- Große Schöpfkelle oder Messbecher zum Schöpfen
- Thermometer bis 100 °C
- Eimer, drei bis fünf Stück*
- Siebe, drei bis fünf Stück*
- Feines Tuch (z.B. Mullwindel) zum Hopfenfiltern*
- Badewanne oder Duschbecken mit Stöpsel
- Bierspindel und Messzylinder
- Gärbehältnis, z.B. Wasserkanister, für 25 bis 30 Liter*
- Bügelverschlussflaschen in ausreichender Menge
- Schlauch mit Schlauchklemme und evtl. Trichter*
- Jodlösung
- Wasser
- Gerstenmalz und/oder andere Malze, grob gemahlen
- Hopfen
- Hefe, ober- oder untergärig

* Die mit Stern gekennzeichneten Geräte werden unnötig, wenn
  man sich das oben erwähnte Filter-System der Firma Klaus
  Kling zulegt.

Abschließend zeige ich im Überblick auf Seite 76 f, welche Gerätschaften alternativ in Frage kommen und welche Vor- und Nachteile sich mit ihnen verbinden. Meine Empfehlung für Hobbybrauer mit mittleren Ansprüchen (etwas Komfort, nicht zu teuer,
Sude um 20 Liter) ist jeweils fett hervorgehoben.

Der Hinweis auf das bei Firma Klaus Kling (und bei von dieser belieferten Händlern) zu beziehende System von Filter-Fix, Maischesack, Trubfiltergewebe und Brau- und Gäreimer ist übrigens keine plumpe Werbung, sondern eine ernst gemeinte Empfehlung für eine durchdachte, wirksame und kostengünstige Konstruktion, die das Brauen sehr erleichtert, den Abwasch minimiert und den Spaß am Brauen fördert. Sie sollten sich das Set zulegen, bevor Sie viel Geld für andere Geräte ausgeben, über die Sie sich später nur ärgern. Seit ich es getestet habe, bin ich davon überzeugt. Auch meine Seminarteilnehmer sind begeistert.

Die kostengünstigste Konstruktion

Wenn Sie die Liste noch einmal durchgegangen sind und sich vergewissert haben, dass nichts fehlt, können Sie beginnen.

Würzebereitung

Schüttung

Zunächst benötigen Sie nur Wasser und Malz. Helles Gerstenmalz, in der Regel Pilsener, Münchener oder Wiener Malz, bildet die Grundlage, die für bestimmte Biere mit Weizen- oder Roggenmalz gemischt und bei Bedarf mit Spezialmalzen versetzt wird. Sie können sich an vorgegebene Rezepte halten, auch ein wenig experimentieren, sollten jedoch stets im Brauprotokoll (Muster auf Seite 135 f) notieren, was Sie verwendet haben, um die Rezep-

Grob geschrotetes Malz vor dem Einmaischen.

Prozess	Gerät	Vorteile	Nachteile
Maischen	Kochtopf	vorhanden	nur für sehr kleine Sude; Herd erforderlich
	Einkochtopf	oft vorhanden; schon recht groß; mobil einsetzbar; für drinnen und draußen	für Sude bis knapp über 20 l; höhere Anschaffungskosten; außerhalb der Saison nicht immer leicht zu beschaffen
	Großküchentopf ab 30 Liter	für größere Sude	im Fachhandel (teuer) oder bei Betriebsauflösungen zu beziehen; Gaskocher nötig; Betrieb besser nicht im Haus
Läutern	Haushaltssiebe und Eimer	preiswert; z. T. vorhanden	mehrere erforderlich; viele Teile zu reinigen; umständlich; Überschwemmungsgefahr (furchtbar klebrig!)
	Filter-Fix* und Maischesack*	auch für größere Sude geeignet; sehr einfach und praktisch	etwas teurer
	Entsafter	oft vorhanden; praktisch	Grenze bei 4 kg Schüttung
Hopfenkochen	siehe Maischen		
Hopfenseihen	Mullwindel, Seidentuch, Nylongewebe o. ä.	oft vorhanden; leicht zu beschaffen; z. T. billig	Filtern dauert sehr lange; Geduldsprobe; je nach Konstruktion evtl. Probleme mit Befestigung; Überschwemmungsgefahr
	Filter-Fix* und Trubfilter	einfüllen und laufen lassen; einfach und praktisch	geringfügig teurer

Prozess	Gerät	Vorteile	Nachteile
Haupt-gärung	großer Eimer (weiß!)	billig	zweite Person ist zum Schlauchen erforderlich
	Wasserkanister	preiswert; verschiedene Größen erhältlich	schwer zu reinigen; zweite Person ist zum Schlauchen erforderlich
	Brau- und Gäreimer mit automatischem Abfüllrohr*	30 l Volumen für 25 l Sud und Kräusen; einfachstes Abfüllen; vielseitig; preiswert	keine
	Einkochtopf	oft vorhanden	während Hauptgärung belegt; recht teuer; zweite Person ist zum Schlauchen erforderlich
Nachgärung	Limonadeflaschen	meistens vorhanden; billig; gut zu lüften	nicht stilvoll; lichtempfindlich (wenn weißes Glas)
	Bügelflaschen (Drittelliter, **Halbliter**, Liter oder größer)	relativ einfach zu beschaffen; billig (Pfandflaschen); gut zu lüften; zünftig; leicht zu transportieren	2- oder 5-Liter-Krüge mit Bügelverschluss sind sehr teuer
	Gärfass, z.B. Meister-Keg*	bei Überdruckventil kein Lüften nötig; recht einfach zu reinigen (bei großer Öffnung); kein Hantieren mit vielen Flaschen nötig;	gefüllt ziemlich schwer; teuer; Druck schwer zu kontrollieren; bei kleinen Suden (halbgefüllt) reicht Nachgärung zum Druckaufbau evtl. nicht aus (Kohlensäurepatronen nötig!)

Andere Gefäße wie 5-Liter-Partyfässer oder Flaschen mit Kapselverschlüssen (»Kronkorken«) sind weniger geeignet, weil Lüften oder automatische Überdruckregulierung nicht möglich sind. Nur erfahrene Hobbybrauer, die sicher den richtigen Abfüllzeitpunkt erwischen und ideale Lagerbedingungen haben, sollten darauf zurückgreifen.
* bei Firma Braupartner K. Kling (Versand) erhältlich

tur im Erfolgsfall später wiederholen oder andernfalls meiden zu können.

> **Das verwendete Malz, meist eine Mischung verschiedener Malze, heißt Schüttung.**

Für dunkles Bier fügen Sie dunkles Malz hinzu, das es in vielen Farbabstufungen gibt, und zwar nicht mehr als 50 bis 100 Gramm Farbmalz für fünf Kilo Schüttung, also etwa 1 bis 2 % der Malzmenge.

Maische

Hauptguss und Schüttung ergeben die Maische

Gebraut wird nach dem Infusionsverfahren. Dazu geben Sie also die im Rezept angegebene Menge Wasser, den *Hauptguss*, in Ihren Topf und erwärmen es – je nach Rezeptur – auf die *Einmaischtemperatur* von 35 oder 40 °C. Nun kommt die *Schüttung* hinzu. Hauptguss und Schüttung ergeben die *Maische*. Es ist wichtig, das Malz ins Wasser zu geben und nicht umgekehrt, da sonst Teile des Malzes verklumpen oder am Boden haften und anbrennen können. Aus diesem Grunde müssen Sie auch umgehend mit gründlichem Rühren beginnen. Gerade in der Anfangsphase ist die Gefahr des Anbrennens sehr groß.

> **Die Maische besteht aus Hauptguss (= Wasser) und Schüttung (= Malz).**

Im Malz sind *Enzyme* (auch: *Fermente*) enthalten, das sind Biokatalysatoren, die eine Reihe von Umwandlungsprozessen bewirken, ohne sich selbst dabei zu verändern. Jedes Enzym arbeitet in bestimmten Temperaturgrenzen. Bei Optimaltemperatur gehen die Umwandlungen am vollkommensten und schnellsten vor sich. *Amylase* (auch: *Diastase*) wird z.B. bei der Keimung des Getreides gebildet und bewirkt eine Umwandlung der Stärke in Maltose.

Um gewissen Enzymen ihre Arbeit zu ermöglichen, muss die Maische bei bestimmten Temperaturen verweilen. Das Heizwerk wird solange ausgeschaltet. Jeder Autor gibt seine eigenen Empfehlungen bezüglich der exakten Temperaturen und Rast- zeiten, Sie haben also durchaus einen Spielraum zum Experi- mentieren oder zum Erzielen beabsichtigter Effekte. Die Bedeu- tung und Wirkung der einzelnen Rasten und ihrer Variationen veranschaulicht die Tabelle auf der nächsten Seite.

Die Eiweißrast beginnt

Unter ständigem Rühren erwärmen Sie die Maische auf etwa 55 °C. Es erfolgt die *Eiweißrast* mit einer Dauer von etwa 15 Minu- ten (die in verschiedenen Büchern empfohlene Rastzeit schwankt allerdings sehr stark). Dabei wird im Malz enthaltenes Eiweiß durch Enzyme in kleinere Moleküle aufgespalten, so dass es beim Hopfenkochen verklumpen, ausfallen und ausgefiltert werden kann. Das Bier wird dadurch klarer, ist länger haltbar, und die Stabilität der Schaumkrone beim späteren Bier verbessert sich.

> **Die Eiweißrast bei 55°C dauert ungefähr 15 Minuten.**

Maische im Einkochtopf.

Die Dauer der einzelnen Rasten hängt von der gewünschten Biersorte ab. Hellere Biere können schneller den unteren Temperaturbereich durch- laufen, weil sie einen höheren Anteil wirksamer Enzyme enthalten, die Umwandlungsprozesse also schneller ablaufen. Dunklere Biere hingegen sollten langsamer erhitzt werden, was man durch früheres Einmaischen und längere Rasten erreicht.

Enzym	Protease	Saccharogenamylase (b-Amylase)	Dextrinogenamylase (a-Amylase)
Wirkung des Enzyms	spaltet Eiweiß in kleinere Einheiten	spaltet Stärke vorwiegend in vergärbaren Zucker (Maltose)	spaltet Stärke, wobei ein hoher Anteil an nicht vergärbarem Dextrin entsteht
Schädigung ab	70 °C	70 °C	80 °C
Rasttemperatur	55 °C	64 °C	72 °C
Rast bei tieferer Temperatur	+ Klärung – Schaumverhalten – Vollmundigkeit	+ Vergärungsgrad – Nichtzucker	+ Vergärungsgrad – Nichtzucker
Rast bei höherer Temperatur	+ Schaumverhalten + Vollmundigkeit – Klärung	+ Nichtzucker – Vergärungsgrad	+ Nichtzucker – Vergärungsgrad
Dauer der Rast	15 Minuten	30 bis 45 Minuten	30 bis 45 Minuten
Verkürzung der Rastzeit	+ Klärung – Schaumverhalten – Vollmundigkeit	+ Nichtzucker – Vergärungsgrad	+ Nichtzucker – Vergärungsgrad
Verlängerung der Rastzeit	+ Schaumverhalten + Vollmundigkeit – Klärung	+ Vergärungsgrad – Nichtzucker	+ Vergärungsgrad – Nichtzucker

Temperaturstufen und Rastzeiten beim Maischen; positive (+) und negative (−) Auswirkungen (modifiziert und ergänzt nach Vogel: Bier aus dem eigenen Keller. 1996, S. 60 f.)

Bei etwa 64 °C findet die *Maltoserast* oder *Vorverzuckerung* zur Maltose-(Malzzucker-)bildung statt. Amylasen zerlegen Stärkemoleküle in kleinere und vergärbare Zuckermoleküle. Die Rast sollte mindestens eine halbe Stunde dauern, während der man die Maische gelegentlich umrührt. Anschließend können Sie die erste *Jodprobe* durchführen.

> **Die Maltoserast bei 64°C dauert 30 bis 45 Minuten. Anschließend machen Sie eine Jodprobe.**

Sie träufeln einige Tropfen Maische auf einen Teller und geben einen Tropfen Jod hinzu. Es darf keine Violett- oder Schwarzfärbung (Stärkenachweis) auftreten, denn die Stärke sollte nun bereits in Zucker umgewandelt sein. Wenn das Jod gelb bleibt, fiel der Stärkenachweis negativ aus, was auch so sein soll. Die Maische ist wunschgemäß *jodnormal*.

Jodprobe

> **Die Maische ist jodnormal, wenn keine Violettfärbung der Jodlösung (= Stärkenachweis) mehr auftritt.**

Jodprobe 1: *Violettfärbung weist Stärke nach – so soll es nicht sein.*
Jodprobe 2: *geringe Verfärbung (nach der Maltoserast nicht selten) – die Maische ist fast jodnormal.*
Jodprobe 3: *keine Verfärbung – die Maische ist jodnormal.*

Allerdings wird beim weiteren Erwärmen erneut Stärke aus dem Malz gelöst und kann nochmals nachgewiesen werden, so dass bei einer unerwünschten Verfärbung bei der Jodprobe nicht unbedingt Hopfen und Malz verloren sein müssen. Sie sollten in diesem Fall nach einigen Minuten (währenddessen rühren und den inzwischen etwas abgekühlten Sud auf die vorgegebene Temperatur nachheizen) die Jodprobe wiederholen oder gegebenenfalls im Kapitel »Häufige Fehler und ihre Behebung« Seite 122 ff nachlesen.

Endverzucke-rungsrast

Sie erwärmen die Maische nun weiter bis auf 72 °C und legen die halbstündige *Endverzuckerungsrast* zur Dextrinbildung ein. Noch vorhandene Stärke wird in Dextrine aufgespalten, das sind nichtvergärbare, zuckerähnliche Substanzen. Außerdem wird die entstandene Maltose aus dem Schrot herausgelaugt. Dieser Rast schließt sich die zweite Jodprobe nach dem bereits beschriebenen Verfahren an.

> Die Endverzuckerungsrast bei 72 °C dauert 30 bis 45 Minuten. Anschließend findet die zweite Jodprobe statt.

Abmaischen

Schließlich wird der Maischvorgang beendet (*abgemaischt*), indem Sie die Maische auf 78 °C erwärmen. Nicht mehr, weil sonst die restliche Diastase zerstört würde. Diese braucht man jedoch zum Abbau noch vorhandener Stärkereste während des Läuterns, um eine bessere Haltbarkeit des späteren Biers zu erreichen. Hat die Maische 78 °C erreicht, muss sie etwa eine halbe Stunde ruhen, damit sich das koagulierte (geronnene) Eiweiß großflockig zusammenballt und gemeinsam mit den anderen festen Bestandteilen absetzt. Die Würzeoberfläche sollte dunkel und klar sein.

> Bei 78 °C legen Sie eine Rast von 30 Minuten zum Abmaischen ein.

Während bei der Maltoserast hauptsächlich vergärbarer Zucker entsteht, bilden sich bei der Endverzuckerungsrast (72 °C) und der Maischerast (78 °C) die nichtvergärbaren Dextrine, die das Bier vollmundig (süß) machen. Daher nennt man die letzten beiden Rasten auch Erste und Zweite Verzuckerungsrast.

Läutern

Nun beginnen Sie, die *Maische* in *Treber* und *Würze* zu trennen. Dieser Vorgang, das *Läutern*, nimmt einige Zeit in Anspruch. Sie schöpfen mit einer großen Kelle oder einem Meßbecher (der ist größer und handlicher) die Maische in den Läuterbottich, also z.B. in den Maischesack im Filter-Fix. (Falls Sie mit einer anderen Technik arbeiten, etwa mit Eimern und Sieben, sollten Sie auf ein ausreichendes Fassungsvermögen achten.) So wird die *Vorderwürze* gewonnen. Anfangs kommen Sie noch flott voran, doch je mehr Treber in den Sieben zurückbleibt, desto langsamer fließt die Würze ab, bis sie irgendwann nur noch tropft.

Die Vorderwürze wird gewonnen

> **Durch das Läutern wird der Treber von der Würze getrennt.**

Der *Treberkuchen* enthält noch einen hohen Anteil löslichen Extraktes. Dieses lösen Sie heraus, indem Sie klares Wasser, das wie die Maische auf 78 °C erhitzt wurde (damit sollten Sie spätestens bei Beginn der halbstündigen Abmaischrast anfangen), nachgießen. Daher heißt dieses Wasser *Nachguss*, der Vorgang heißt *Anschwänzen*. Mit einem Messer »schneiden« Sie rundherum vom Rand zur Mitte hin durch den Treber im Sieb, um dem Wasser Gelegenheit zu geben, überhaupt noch hindurchzusickern. Insgesamt können für das Läutern – je nach Menge – ein bis zwei Stunden vergehen.

Nachguss und Anschwänzen

> **Mit dem Nachguss lösen Sie Reste des wertvollen Extraktes aus dem Treber.**

Soweit der lehrbuchmäßige und allgemein verbreitete Standard-Läutervorgang. Ich wende inzwischen jedoch ein Verfahren an, das bei gleicher Schüttung eine um etwa 30 % höhere Ausbeute bringt und maximal eine halbe Stunde dauert. Negative Folgen sind mir bislang nicht bekannt. Die Rezepte ab Seite 102 sind übrigens alle auf diese Methode abgestimmt. Und so müssen Sie vorgehen:

Die Nachguss-würze wird gewonnen

Nach dem Abmaischen (halbstündige Rast bei 78 °C) wird die gesamte Maische in das Läutergefäß geschöpft. Wenn die Vorderwürze abgelaufen ist, schöpfen Sie den Treber zurück in den Einkochtopf. Darauf gießen Sie den Nachguss. Dieser kann ruhig 80 °C warm sein, denn der Treber ist beim Läutern abgekühlt. Alles wird gut gerührt und erneut in das Läutergefäß gefüllt. Da hierbei der Nachguss das Malz wesentlich intensiver umspülen kann, als wenn er lediglich durch den Treberkuchen sickern würde, löst er sehr viel mehr Extrakt heraus. Die beim Nachguss gewonnene Würze heißt *Nachgusswürze*.

Nun fahren Sie fort wie sonst auch. Wenn der Nachguss soweit abgelaufen ist, pressen Sie vorsichtig (Achtung, heiß!) soviel Flüssigkeit wie möglich aus dem Treber, denn gewiss wollen Sie von der kostbaren Würze nichts verlieren.

Die Pfanne-vollwürze entsteht

Aus Vorder- und Nachgusswürze haben Sie nun die *Pfannevollwürze* gewonnen. Um eine Orientierung bezüglich der Stärke des Biers zu haben, können Sie jetzt bereits deren Stammwürzegehalt messen. Sie mischen die Würze gut durch, entnehmen eine Probe, kühlen sie auf etwa 20 °C, geben sie in den Messzylinder und lesen an der Spindel die Stammwürze ab. Durch das folgende Kochen wird diese um etwa zwei Prozentpunkte zunehmen. Sie sollte vor dem Kochen also etwa 2 % unter dem angestrebten Wert liegen.

Hopfenkochen

Die gesammelte Würze geben Sie zurück in den (inzwischen ausgespülten) Einkochtopf und bringen sie zum Kochen. Während sie sich dem Siedepunkt nähert, bildet sich oftmals eine mehr oder weniger dicke, schaumähnliche Schicht. Diese sollten Sie mit einem Schaumlöffel entfernen, um eine halbwegs freie Oberfläche zu haben. So kann mehr Wasserdampf entweichen. Außerdem entlasten alle bereits entfernten Trubstoffe den späteren Filterprozess.

Den Schaum vorsichtig abschöpfen

Die Würze kocht nun anderthalb Stunden lang leicht wallend vor sich hin. In dieser Zeit geben Sie den Hopfen hinzu, und zwar in zwei Etappen: zwei Drittel gleich und den Rest eine Viertelstunde vor Ende des Kochens, damit die leicht flüchtigen Öle und Aromastoffe erhalten bleiben. Doldenhopfen lässt man an der Oberfläche der kochenden Würze erst einige Minuten lang einweichen, bevor man ihn – falls nötig – unterrührt. Pellets verschwinden meist von alleine im brodelnden Sud.

Hopfenkochen: Die mit Hopfen versetzte Würze kocht.

> **Während des Kochens der Würze wird in zwei Portionen der Hopfen zugegeben.**

Hopfen ist in Form von Dolden (Blüten) oder Pellets (getrocknete, gemahlene und gepresste Dolden) erhältlich. Auf das Gewicht bezogen benötigt man etwa anderthalbmal soviel Doldenhopfen wie Pellets. Angaben in Rezepten sind gegebenenfalls umzurechnen.

Nach dem Kochen lassen Sie die Würze etwa 10 bis 15 Minuten stehen, um eine möglichst großflockige Bruchbildung zu erzie-

Hopfenpellets.

Hopfenseihen mit dem empfohlenen Braueimer-Set.

len. Dann wird *ausgeschlagen*, d.h. die *Ausschlagwürze* wird in den Hopfenseiher gefüllt, um Hopfen und Bruch aus der Würze zu filtern. Dies geschieht wie beim Läutern, allerdings mit einem feinen Filtergewebe oder alternativ mit Mullwindel, Leinentuch, Seidentuch, Nylongewebe etc.

Kühlen

Durch das mitunter langwierige Filtern ist die Würze spürbar abgekühlt. Sie muss jetzt schnell auf 20 °C heruntergekühlt und nochmal gefiltert werden, weil sich die sogenannte *Heißtrubabscheidung*, das sind u.a. Eiweißausfällungen, gebildet hat.

> Nach dem Kochen kühlen Sie die Würze auf etwa 20 °C herunter.

Das Würzekühlen zieht sich ohne besondere Eingriffe erstaunlich lange hin. So lange wollen Sie
sicher nicht warten. Daher greifen Sie auf die oben
beschriebenen Hilfsmittel (Kühlschlange, Badewanne mit kaltem Wasser) zurück.

Was das erneute Filtern der Heißtrubabscheidung
angeht – diese wird zwar stets empfohlen, und das
gebe ich so weiter, aber offen gestanden lasse ich
sie entfallen, weil die mageren Filterrückstände
den Aufwand meiner Ansicht nach nicht rechtferti-
gen. Was zu Boden sinken soll, sinkt auch während
der Hauptgärung zu Boden und wird gemeinsam
mit der Hefe, die ich nicht wiederverwende, ent-
sorgt. Vielleicht probieren Sie es selbst einmal
aus.

Nun ist die eigentliche Würzebereitung abgeschlossen. Sie
messen die Stammwürze mit der Bierspindel (dies ist – wenn
Sie mehr als 200 Liter pro Jahr brauen – Grundlage der
Steuerberechnung), notieren sie im Protokoll und bereiten
die Gärung vor.

*Würzekühlen mit
der selbst gebauten
Kühlspirale.*

Gärung und Abfüllung

Anstellen

Die Gärung beginnt nach der Hefezugabe, dem *Anstellen*. Abhängig von der Hefeart erhalten Sie ein ober- oder untergäriges Bier. Die Hefeart (und die Biersorte) wiederum sollten
Sie nach der im »Gärraum«, sprich im Keller, Schuppen oder
Vorratsraum herrschenden Temperatur festlegen, wenn Sie
den Gärraum nicht extra kühlen oder heizen wollen oder
können.

**Nach dem
Anstellen
beginnt die
Gärung**

Untergäriges Bier benötigt idealerweise 7 bis 10 °C, obergäriges hingegen 17 bis 20 °C. Einige Grad Abweichung nach oben oder unten verträgt die Hefe mitunter. Wärmeres Vergären beschleunigt den Prozess teilweise erheblich, lässt aber einige minderwertige Alkohole entstehen, die nach kurzer Lagerzeit nicht abgebaut sind und beim Genuss größerer Mengen dieses Biers Kopfschmerzen verursachen können.

Speziell für Hobbybrauer mit ihren eingeschränkten Möglichkeiten der Temperatursteuerung gibt es inzwischen eine besondere untergärige Hefezüchtung, die bei höheren Temperaturen (etwa 15 bis 25 °C) gärt. Diese ist als Trockenhefe erhältlich.

Trockenhefe Die Verwendung von Trockenhefe ist für Hobbybrauer in der Regel wohl die praktischste Lösung. Untergärige ist etwa sechs Monate lang haltbar, obergärige sogar ein bis zwei Jahre. Die getrocknete Hefe (ein Tütchen enthält etwa sieben Gramm und reicht für einen 24-Liter-Sud) können Sie direkt in die Würze geben. Das Ankommen lässt sich jedoch durch vorheriges Rehydrieren (»Wiederbeleben«) der Hefe mindestens eine halbe Stunde vor der Hefezugabe beschleunigen. In 100 ml lauwarmes Wasser (bis 35 °C) geben Sie einen Esslöffel Zucker oder Malzextraktpulver und rühren vorsichtig die Hefe ein. Um einen Hefeschock zu vermeiden, sollte dieser Hefeansatz beim Anstellen ungefähr die Temperatur der Würze haben.

Frische Hefe Bei Verwendung frischer Hefe benötigen Sie ungefähr die 1 % der Würze entsprechende Menge, also beispielsweise 100 ml Hefe bei zehn Litern Würze. Eine größere Hefezugabe beschleunigt das Ankommen und den Gärungsverlauf. Zu viel Hefe kann allerdings den Geschmack des Biers beeinträchtigen. Bei größeren Suden kann man bis auf ein halbes Prozent heruntergehen.

Die Hefe wird nun in die Würze gekippt. Der Brauer sagt: »Die Würze wird *angestellt*« oder »Der (!) Zeug wird gegeben«. Nun folgt eine Prozedur, die den Gärvorgang erprobtermaßen sehr beschleunigen bzw. deren Vernachlässigung ihn sehr verzögern kann. Die Hefe braucht nämlich Sauerstoff für ihren Stoffwechsel. Je mehr sie hat, desto besser funktioniert dieser. Darum müssen Sie Würze und Hefe durchlüften.

> **Nach der Hefezugabe und einem kräftigen Durchlüften der Würze beginnt langsam die Gärung.**

Sie verteilen die Würze (samt Hefe) auf mehrere zu höchstens zwei Dritteln gefüllte Eimer. Ein Eimer muss leer sein. Nun wird reihum der Inhalt eines Eimers in den jeweils leeren Eimer gegossen. Dabei muss es kräftig schäumen. Weil auch mancher Spritzer daneben geht, sollte der Boden abwischbar sein. Nach mehrmaligem Umgießen, wenn eine dicke Schaumschicht auf der Würze steht, die man mit etwas Phantasie für Bierschaum halten kann, geben Sie den Inhalt sämtlicher Eimer in das Gärbehältnis. Nun arbeitet die Hefe, und Sie müssen nur noch sauber machen, dabei aber kein Spülmittel, sondern nur klares Wasser verwenden.

Hauptgärung

Die Art der Gärung bestimmt die Haltbarkeit des Biers

Luftabschluss oder Überdruck sind nicht nötig, aber um Verschmutzungen oder dem Befall durch Insekten vorzubeugen, sollten Sie den gärenden Sud mittels Deckel oder Tuch schützen. Verlauf und Geschwindigkeit der Gärung hängen von mehreren Faktoren ab. Es gilt aber: Je langsamer und kühler eine Gärung stattfindet, desto haltbarer ist das entstehende Bier. Bei obergäriger Hefe sind erste Anzeichen bereits nach wenigen Stunden zu sehen. Untergärige Hefe kann den ungeduldigen Heimbrauer bei sehr niedrigen Temperaturen schon 24 bis 30 Stunden warten lassen, mitunter auch zwei bis drei Tage, bei Verwendung von Trockenhefe aber in der Regel doch nicht länger als einen halben Tag.

Zunächst steigen vereinzelt winzige Bläschen an die Oberfläche, bilden wachsende Schaumpunkte und eine sich schließende, sahnige Schaumdecke, das *Ankommen*. Der erst noch feine Schaum wird dicker und nimmt ein gekräuseltes, zackiges Aussehen an, die *niederen Kräusen*. Diese wachsen in die Höhe, werden ungleichmäßiger und tragen zusehends braune Schlieren und Flocken. In dieser intensiven Vergärungsphase der *hohen* oder *braunen Kräusen* nimmt die Stammwürze am schnellsten ab. Es kann schon mal ein Rückgang von 5 % oder mehr in 24 Stunden sein.

Die frei werdende Energie lässt die Temperatur der Würze um einige Grad über jene der Umgebung steigen. Entstehende Kohlensäure bewegt die Kräusen sichtbar und verursacht einen stechenden Geruch sowie ein wahrnehmbar knisterndes Geräusch. Dann nimmt die Gärintensität ab, die Temperatur

Gärung 1: erste Anzeichen – feinste Schaumbläschen.
Gärung 2: das Ankommen – eine geschlossene Schaumdecke.
Gärung 3: Kräusenbildung – so schön bizarr ist sie selten.
Gärung 4: Deckenbildung – die Kräusen sind zusammengefallen.

gleicht sich der Umgebung an, die Kräusen fallen zusammen (*Deckenbildung*). Nicht mehr matt süßlich und ein wenig muffig riecht die Würze, sondern erfrischend fruchtig. Sie hat sich in Jungbier verwandelt.

Zur Überwachung des Prozesses entnehmen Sie dem Gärbehältnis täglich eine Probe, die zunächst kräftig gequirlt wird, um einen Teil der Kohlensäure zu entfernen, die die Messungen verfälschen würde. Sie messen mit der Bierspindel den Restextraktgehalt, notieren diesen im Brauprotokoll und geben die Probe zurück. Wenn der Restextraktgehalt bei etwa 5 % angelangt ist, kaum noch sinkt und auch ansonsten die Oberfläche sichtbar zur Ruhe gekommen ist, dann ist die Hauptgärung abgeschlossen.

So erkennen Sie, dass die Hauptgärung abgeschlossen ist

> Während der Hauptgärung ist es notwendig, den Fortgang durch mindestens einmal tägliches Spindeln zu überwachen.

Soweit das Lehrbuchwissen. Meiner Erfahrung nach sollte man sich jedoch auch auf das Auge, nicht nur auf die Bierspindel verlassen. Bei stärker eingebrauten Bieren kann die Hauptgärung durchaus beendet und die Oberfläche fast frei von Schaum und Kräusen sein, obwohl noch ein Extraktgehalt von 6 bis 7 % zu messen ist. Jetzt mit dem Abfüllen zu warten würde die Nachgärung gefährden. Spätestens wenn die Decke aufreißt, ist es zum Abfüllen (*Schlauchen*) allerhöchste Zeit!

> Das Jungbier muss abgefüllt werden, wenn der Extraktgehalt unter 5 % gesunken ist, spätestens aber, wenn vorher schon die Decke aufreißt.

Zu beachten ist ferner, dass einzelne Gärverläufe sich stark unterscheiden können. Mal ist die Kräusenbildung recht schwach, ein anderes Mal türmt sich eine wild zerklüftete Kräusenlandschaft auf. Die obige Schilderung ist also eher als Durchschnitt zu sehen, von dem es größere Abweichungen geben kann.

Obergärige Hefe sammelt sich an der Oberfläche der Würze. Zunächst ist ab etwa zehn Stunden nach dem Anstellen stündlich die oberste, oft sehr großblasige Schaumschicht abzuheben. Acht bis zehn Stunden später beginnt der *Hefetrieb*. Gelblich und fettig glänzend steigt die Hefe auf. Sie wird abgeschöpft und kann in einem gut verschließbaren Gefäß im Kühlschrank wochenlang aufbewahrt und oft neu geführt werden. Ein Nachlassen der Hefe erkennen Sie, wenn ein großer Teil davon zu Boden sinkt (was bei obergäriger Trockenhefe meistens geschieht). Dann ist es Zeit, sie auszuwechseln. Die Hauptgärung ist in der Regel nach spätestens 60 Stunden beendet, zumeist allerdings sehr viel schneller. Es ist mir allerdings bislang noch nicht gelungen, die Hefe nach dem beschriebenen Verfahren aufzufangen, weil es bei der kleinen Sudmenge einfach zu wenig ist.

Gärverläufe können sehr unterschiedlich sein

Ein obergäriges Roggen-Bockbier musste ich schon einmal nach 23 Stunden, in denen die Stammwürze um 9 % zurückgegangen war, abfüllen. Trotz einer Umgebungstemperatur von lediglich 18 °C verlief die Gärung so heftig, dass die Würze brodelte, als würde sie leicht wallend kochen. Innerhalb weniger Minuten verschwand bei einer Stammwürze von 7 % die Decke. Zwar hatte ich, diese Entwicklung aufgrund der Spindelergebnisse ahnend, rechtzeitig die Flaschen gereinigt und bereit gestellt, doch auch sofortiges Abfüllen half nicht mehr. Nach einigen Tagen, als noch immer kaum Kohlensäure entstanden war, musste die Nachgärung mit der Zugabe von Malzextrakt in Gang gesetzt werden.

Die folgende Grafik illustriert, wie unterschiedlich schnell und heftig die Hauptgärung verlaufen kann. Sie zeigt Beispiele aus meinen Brauprotokollen.

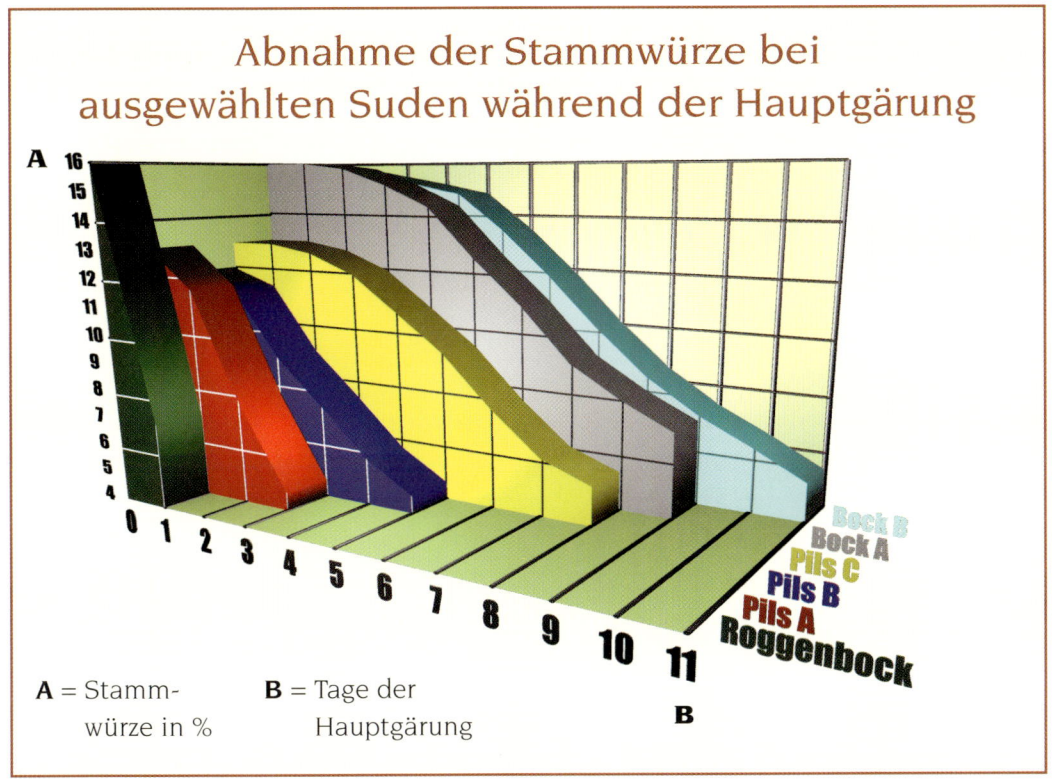

Abnahme der Stammwürze bei ausgewählten Suden während der Hauptgärung

A = Stammwürze in %   **B** = Tage der Hauptgärung

Bei meinen bisherigen Suden sind Extremwerte von 23 Stunden – für das erwähnte obergärige Bier (Roggenbock) – am unteren Ende der Skala und elf Tagen bei einem untergärigen Bock als entgegengesetztem Pol aufgetreten. Einflussfaktoren für derartige Differenzen sind u.a.:

- Umgebungstemperatur
- Anstelltemperatur der Würze
- Temperaturdifferenz zwischen Würze und Hefe beim Anstellen
- Art und Stamm der Hefe
- Alter und Qualität der Hefe
- Zahl der Gärführungen der Hefe
- Intensität des Lüftens beim Anstellen

Einflussfaktoren für unterschiedliche Gärverläufe

Nicht immer kann der Hobbybrauer den jeweiligen Verlauf vorhersagen. Mit etwas Erfahrung werden Sie aber anhand der Geschwindigkeit des Ankommens und der beginnenden Kräusenbildung schon frühzeitig Rückschlüsse auf die zu erwartende Dauer der Hauptgärung ziehen können.

Schlauchen

Nun muss das Jungbier *geschlaucht* werden. Direkt vor dem Schlauchen sollten Sie sämtliche auf dem Bier schwimmende Kräusenreste, Hopfenharze, Hefepartikel usw. mit einem feinen Sieb abschöpfen, damit sie nicht zum vorzeitigen Verderben des Biers beitragen können. Sie können auch bereits während der Gärung die Decke abheben oder die Hochkräusen köpfen, also deren braune Spitzen entfernen, um unedle Geschmacksstoffe zu beseitigen (worauf ich jedoch verzichte).

Reinigen stets nur mit Wasser

Stellen Sie die sorgfältig gereinigten Bügelverschlussflaschen bereit. Das Auswaschen sollte, wie überhaupt die Reinigung sämtlicher Gerätschaften, ohne Spülmittel geschehen, denn Reste von Reinigungsmitteln bleiben immer haften und können die Qualität des Biers beeinträchtigen. Aufwendig ist im Allgemeinen nur die erste Reinigung, wenn sich auch die Etiketten lösen sollen. Sofern Sie nach jedem Leeren die Flaschen mit heißem Wasser gut ausspülen und abtropfen lassen, haben Sie vor dem erneuten Abfüllen keine große Arbeit mehr. Spülen Sie die Flaschen nur wieder mit heißem Wasser aus, um Staub und Ähnliches zu entfernen.

Die Gummidichtungen, Brutstätten für Bakterienkolonien (»Da sieht es fürchterlich aus!« sagte einer meiner Seminarteilnehmer, der über ein leistungsfähiges Mikroskop verfügte), sollten Sie auskochen, spröde Dichtungen auswechseln, allzu ausgeleierte Bügel etwas in die Breite biegen.

Der Abfüllvorgang hängt vom Gärgefäß ab. Wenn dieses über einen Ablaufhahn verfügt, kann eine Person mit Hilfe eines Trichters alleine das Abfüllen bewältigen. Aber: Ähnlich wie beim Bierzapfen bildet sich in den Flaschen viel Schaum, der schnell herausquillt. So sind größere Bierverluste zu beklagen. Daher sollte der Arbeitsplatz stets einen abwischbaren Boden haben. Ein Tablett mit hohem Rand leistet auch gute Dienste.

Fehlt ein Ablaufhahn, füllen Sie das Bier mit einem Schlauch (mit dem Mund ansaugen; die Auslauföffnung des Schlauchs muss sich unterhalb der Einsaugöffnung befinden) aus dem Gärbottich in die Flaschen. Eine zweite Person muss das Schlauchende im Bottich unterhalb der Oberfläche halten und aufpassen, dass weder Luft noch Bodensatz in den Schlauch gelangen. Auch hier läuft einiges daneben, und oft ärgert man sich über dünnwandige, einknickende und den Bierfluss unterbrechende, oder über dickwandige und mit der Schlauchklemme beim Wechsel der Flaschen nicht ausreichend verschließbare Schläuche.

Das Bier wird in die Flaschen gefüllt

Am besten ist daher ein »automatisches Flaschenabfüllrohr« am Ablaufhahn des Gärbehältnisses, Bestandteil des bereits gepriesenen Eimersets. Ein Plastikröhrchen mit Verschluss, der sich öffnet, wenn die Flasche von unten dagegen gedrückt wird. Das Bier schäumt kaum und läuft solange in die Flasche, bis Sie sie nach unten abziehen. Dabei schließt sich das Ventil. Tatsächlich geht kaum ein Tropfen daneben und die Flaschen lassen sich flott und sehr gleichmäßig füllen. So ist das Abfüllen ein Kinderspiel.

Natürlich können Sie anstelle der Flaschen auch spezielle Gärfässer mit Überdruckventil verwenden. Dann gestaltet sich das Abfüllen einfacher, und das Lüften entfällt. Auch 5-Liter-Partyfässer kommen für die Lagerung in Betracht, aber da sie nicht gelüftet werden können, sind sie erst erfahrenen Hobbybrauern zu empfehlen.

Dasselbe gilt für mit Kapselverschlüssen (Kronkorken) zu schließende Flaschen.

Aufbewahrung, Behandlung und Konsum

Das Jungbier gärt in der Flasche nach

Nun beginnt die Nachgärung. Jungbier ist naturgemäß trüb. Es sind Hefereste mit in die Flaschen gelangt, die für eine langsam fortschreitende Gärung und für die Kohlensäurebildung sorgen, die das Bier spritzig und erfrischend macht. Damit sich möglichst viel Kohlensäure im Bier löst, sollte die Temperatur für die Nachgärung niedrig sein, bis an 0 °C heran. Erreichen Sie dies aufgrund der örtlichen Gegebenheiten nicht, was der Normalfall ist, dann macht das in der Regel auch nichts – das Bier wird trotzdem gut, zumindest wird es nicht deswegen schlecht. Später liegt die ideale Lagertemperatur bei 8 °C, doch erneut gilt, dass das Bier auch wärmere Keller verkraftet. In meinem Keller beispielsweise herrschen im Sommer Temperaturen von 16 °C und mehr. Dem Bier schadet es nicht, aber vor dem Genuss sollte man die Flaschen in den Kühlschrank stellen, damit der Druck beim Öffnen nicht zu groß ist (was regelrechte Tischfeuerwerke aus Bier hervorrufen kann). Die Flaschen lagert man übrigens stehend.

Sie sollten möglichst wenig Bodensatz aus dem Gärgefäß in die Flaschen gelangen lassen, denn Hefe und sonstige Trubstoffe können die Haltbarkeit beeinträchtigen. Gegen Ende des Abfüllvorgangs läuft natürlich etwas mehr Trub in die Flaschen. Daher sollten Sie die zuletzt abgefüllten beiden Flaschen markieren und zuerst verkosten. Nicht selten entwickeln sie einen besonderen Druck, daher Vorsicht beim Öffnen!

Auch bei sorgfältiger Kontrolle der Hauptgärung treffen Sie nicht immer den optimalen Abfüllzeitpunkt. Dieser liegt einmal z.B. mitten in der Nacht, während Sie vom Bier träumen, oder tagsüber, wenn Sie arbeiten müssen. Was ist in solchen Fällen zu tun?

Falls das Bier ein wenig zu früh abgefüllt wurde, die Nachgärung also intensiver verläuft als nötig, baut sich im Laufe der Zeit erheblicher Überdruck in den Flaschen auf. Sie können im Extremfall explodieren, oder beim Öffnen der Flasche quillt endlos viel Schaum heraus, bis sie fast leer ist. Oder die Flasche verwandelt sich in einen Springbrunnen und ist binnen einer Sekunde leer. Schade drum, und wenn man nicht darauf vorbereitet ist, kann der sprudelnde Schaum ernste Probleme bereiten. Daher sollten Sie verdächtige Flaschen sicherheitshalber über einem Waschbecken oder im Garten öffnen. Dieses Malheur kann übrigens auch mit einzelnen Flaschen passieren, obwohl alle anderen in Ordnung sind. Selbst bei kurz nacheinander mit demselben Bier gefüllten Flaschen kann sich unterschiedlich starker Druck aufbauen. Die Ursachen sind vielfältig, hängen z.B. mit unterschiedlich dicht schließenden Bügeln zusammen.

Um derlei Unbill zu vermeiden, empfiehlt es sich, die Flaschen nach dem Abfüllen einige Tage lang zu lüften. Sie öffnen den Bügelverschluss kurz und verschließen ihn sofort wieder. Wenn es dabei heftig zischt oder gar knallt, kann man dies täglich wiederholen. Wenn es kaum noch zischt, lässt sich das Lüften reduzieren oder einstellen. Nach einigen Tagen sollten Sie mit einer Flasche eine Stichprobe machen, bei erneut schwachem Zischen nach weiteren Tagen mit einer anderen Flasche usw., um den Fortgang der Nachgärung zu prüfen. Eventuell muss die gesamte Ladung nochmals gelüftet werden. Ansonsten sollte das Bier in Ruhe reifen.

Die Flaschen immer wieder lüften

Zu spätes Abfüllen sollten Sie vermeiden. Dann nämlich findet kaum noch eine Nachgärung statt, es bildet sich nicht genügend Kohlensäure, das Bier wird schal. Es lässt sich, sofern es noch gut ist, durch Beimischung von Malzextraktlösung (oder notfalls Zucker) retten (siehe Kapitel »Häufige Fehler und ihre Behebung« auf Seite 122 ff).

Wenn Sie bereits beim Abfüllen wissen, dass der richtige Zeitpunkt überschritten ist, geben Sie gleich Malzextraktpulver (oder, falls nicht zur Hand, Zucker) in das Jungbier. Insbesondere bei schnell vergärenden obergärigen Bieren empfiehlt es sich freilich, mit *Speise* zu arbeiten. Das sind etwa 5 % der Würze, die Sie nach dem Hopfenkochen heiß (und steril!) abfüllen und während der Hauptgärung beiseite stellen. Sie enthält noch die volle Stammwürze, was für die Nachgärung des gesamten Sudes ausreicht. Direkt vor dem Abfüllen wird die Speise dem Jungbier beigemischt.

> **Der richtige Abfüllzeitpunkt ist nicht immer genau zu treffen. Im Zweifelsfall ist frühes Abfüllen besser als spätes. Die Flaschen müssen dann nur häufiger gelüftet werden.**

Die Reifung durch gelegentliches Verkosten überprüfen

Während des Reifens sollten Sie gelegentlich eine Flasche verkosten, um mitzuerleben, wie das Bier seinen Geschmack verändert und verfeinert, und um Fehlentwicklungen (zu wenig Kohlensäure) rechtzeitig zu bemerken. Manche anfangs dominierende, strenge Geschmacksnote verliert sich. Andere entfalten sich. So wird der Gesamteindruck immer kompakter und harmonischer. Spätestens nach sechs Wochen sollte z.B. ein Pilsener sehr gut trinkbar sein. Ein gut gelungenes Bier ist – wenn Sie den sich stets bildenden Bodensatz nicht aufschütteln – nahezu völlig klar, wie gefiltertes Bier.

Andererseits sollten Sie jetzt in Ihrer Euphorie nicht sämtliche Flaschen leeren, sondern einige länger aufbewahren, um festzustellen, welche weiteren Veränderungen in Geschmack, Aroma und Farbe noch möglich sind. Bis zu einem gewissen Punkt gewinnt das Bier. Irgendwann aber wird es nicht mehr besser, und etwa drei bis fünf Monate nach dem Schlauchen – abhängig von Hefeart, Gärtemperatur, Alkoholgehalt, Lagertemperatur und anderen Faktoren – kippt es. Ewig haltbar ist es also nicht. Wer sein Bier für schlechte Zeiten aufheben möchte, wird wohl eher schlechtes Bier erleben. Doch das dürfte normalerweise nicht vorkommen, im Allgemeinen ist ja der Hobbybrauer der größte Feind seines Biers. Er sorgt dafür, dass es nicht so alt wird, wie es werden könnte. Wenigstens dabei helfen Freunde und Nachbarn gerne.

Übrigens sollte Bier in möglichst großen Portionen serviert werden, um die Oberfläche gering zu halten. Besser ein Liter Bier in einem Maßkrug, als diesen verteilt auf fünf Gläser mit je 0,2 Liter Fassungsvermögen, wobei eine mehr als doppelt so große Benetzungsfläche entsteht. Diese lockert die Kohlensäure und treibt sie aus. Auch erwärmt die kleine Menge schneller, zumal kleine Gläser in der Regel dünnwandiger sind. Der Vorteil des häufigeren Frischeinschenkens soll die genannten Nachteile kaum wettmachen können. Natürlich gilt das nur für den, der auch tatsächlich mindestens einen Liter trinkt.

Große Gläser sind besser als kleine

Rezepte

Brauwasser

Hier nun einige Rezepturen zum Nachbrauen. Je häufiger Sie aber gebraut haben, desto seltener werden Sie sich an vorgegebene Rezepte halten und stattdessen lieber eigene Wege gehen, persönlichen Vorlieben folgend.

Zum Einstieg empfehlen sich dem vorsichtigen Hobbybrauer 12-Liter-Sude, um mit Ablauf und Technik des Brauens vertraut zu werden. Wenn Sie etwas mutiger sind, beginnen Sie gleich mit 20-Liter-Suden. Diese machen bei fast doppeltem Ergebnis kaum mehr Arbeit, erreichen aber die Kapazitätsgrenze eines normalen Einkochtopfes. Sein Fassungsvermögen von 27 Litern reicht zum Zeitpunkt der maximalen Würzemenge, das ist vor dem Hopfenkochen, gerade eben aus.

Hopfendolden

Trockenhefe

Die angegebenen Dosierungen setzen mein abgewandeltes Läuterverfahren voraus. Größere Änderungen im Brauprozess machen Anpassungen der Rezepturen bisweilen erforderlich. So sind beispielsweise die Wassermengen für Haupt- und Nachguss nicht absolut zu sehen. Abhängig von der individuellen Arbeitsweise oder eigenen Vorlieben kann systematisch mehr oder weniger Wasser benötigt werden.

Wenn der Stammwürzegehalt ständig zu niedrig liegt, muss man die Würze entweder länger und stärker kochen oder weniger Wasser verwenden. Ist das Bier zu stark, kann es, sofern dies rechtzeitig bemerkt wird (vor dem Kochen eine Probe entnehmen, kühlen und spindeln), durch Zugabe von Wasser beim Kochen verdünnt werden.

Grünmalz

Auch bei den anderen Zutaten müssen Sie nicht penibel an den Vorgaben festhalten. Dass die Mengen von Malz und Hopfen variabel sind, sollte klar sein. Wenn gerade nur Münchener oder nur Wiener Malz im Hause ist, dürfen Sie diese gegeneinander tauschen (wie heißt es in Großmutters Kochbüchern so schön: »Man nehme …, so man hat.«). Münchener Malz wiederum gibt es als hellere oder dunklere Sorte (Typ 1 und Typ 2). Das gleiche gilt für Weizenmalz. Fragen Sie Ihren Lieferanten.

Malz

Anhand der nun folgenden Rezepturen können Sie, wenn Sie ein wenig Erfahrung gesammelt haben, eigene Biersorten entwickeln, etwa ein *Schwarzbier*, das mit Caramel- und Farbmalz und einer geringeren Hopfengabe gebraut wird.

Hopfenpellets

Partyscherz: Wer ganz besonders versiert ist, dem wird sogar alkoholfreies Bier gelingen. Einfach ein Bier eigener Wahl brauen und den Alkohol vorsichtig abtrinken. Im Glas bleibt garantiert nichts davon zurück.

Weizenbier

Beginnen wir also gleich mit einigen *Weizenbieren*, für deren Schüttung ein bis zwei Drittel Weizenmalz verwendet werden. Die restliche Schüttung besteht aus Pilsener Malz. Bei obergärigen Bieren sollte man – das betone ich sicherheitshalber noch einmal – unbedingt mit Speise arbeiten, die man der Pfannevollwürze entnimmt (ca. 10 %) und nach der Hauptgärung, vor dem Abfüllen, der Würze wieder beimischt.

Weizenbier (obergäriges Bier)

angestrebte Biermenge	12 Liter	18 Liter	20 Liter	24 Liter
Pilsener Malz	1 kg	1,5 kg	1,7 kg	2 kg
Weizenmalz	1,5 kg	2,3 kg	2,5 kg	3 kg
Aromahopfen (Pellets)	35 g	50 g	55 g	65 g
Wasser zum Einmaischen	10 l	14 l	15 l	18 l
Wasser für Nachguss	8 l	12 l	13 l	15 l

- Maischen Sie bei 40 °C ein.

- Die Eiweißrast bei 55 °C kann 20 Minuten dauern.

- Erwärmen Sie weiter auf 64 °C.

- Es folgt eine 30-minütige Maltoserast.

- Nun führen Sie die erste Jodprobe durch.

- Erwärmen Sie die Maische auf 72 °C.

- Die Endverzuckerungsrast dauert 30 Minuten.

- Ihr schließt sich die zweite Jodprobe an.

- Erwärmen Sie den Sud auf 78 °C.

- Zum Abmaischen halten Sie 30 Minuten Rast.

- Beim Abläutern gewinnen Sie die Vorderwürze.

- Mit dem Nachguss (78 bis 80 °C) entziehen Sie dem Treber noch enthaltenen, wertvollen Extrakt.

- Entnehmen Sie der heißen Würze 10 % Speise und stellen Sie diese beiseite.

- Dann kochen Sie die Würze 90 Minuten lang. Währenddessen erfolgt in zwei Portionen die Hopfenzugabe.

Stammwürzegehalt 11 bis 12 %.
Reifezeit 3 Wochen.

Dunkles Weizenbier

Großer Beliebtheit in meinem Bekanntenkreis erfreut sich *dunkles Weizenbier*. Otto hat es fast immer vorrätig, aber man kann es auch selber brauen. Dunkles Weizenbier schmeckt etwas malziger, etwas charaktervoller als helles. Mit den Dosierungen von Caramel- und Farbmalz sollten Sie ruhig ein wenig spielen. Auch das Verhältnis von Pilsener- und Weizenmalz kann man variieren, solange die Gesamtmenge gleich bleibt.

Dunkles Weizenbier (obergäriges Bier)				
angestrebte Biermenge	**12 Liter**	**18 Liter**	**20 Liter**	**24 Liter**
Pilsener Malz	1,5 kg	2 kg	2,2 kg	2,5 kg
Weizenmalz dunkel	1,3 kg	1,9 kg	2,1 kg	2,5 kg
Caramelmalz	250 g	400 g	450 g	500 g
Farbmalz	25 g	40 g	45 g	50 g
Aromahopfen (Pellets)	30 g	40 g	45 g	50 g
Wasser zum Einmaischen	10 l	14 l	15 l	18 l
Wasser für Nachguss	10 l	14 l	15 l	18 l

- Bei 35 °C Wassertemperatur geben Sie das Malz hinzu.

- Halten Sie eine 20-minütige Eiweißrast bei 55 °C.

- Erwärmen Sie die Maische auf 64 °C.

- Zur Maltosebildung halten Sie eine Rast von 40 Minuten, der sich die erste Jodprobe anschließt.

- Nun erwärmen Sie das Ganze auf 72 °C.

- Gewähren Sie 30 Minuten Endverzuckerungsrast.

- Die zweite Jodprobe sollte eindeutig jodnormal sein.

- Erwärmen Sie weiter auf 78 °C.

- Nach der letzten Rast von 30 Minuten sollte die Oberfläche dunkel und klar sein.

- Dann läutern Sie ab und gießen 78 bis 80 °C heißes Wasser nach.

- Vergessen Sie nicht, 10 % Speise abzuzweigen.

- Nun muß die Würze 90 Minuten kochen. Dabei geben Sie den Hopfen zu.

Stammwürzegehalt 11 bis 12 %.
Reifezeit 2 Wochen.

Weizenbock

Nicht so verbreitet, aber für den Weizenbierfreund durchaus einen Versuch wert ist der stärkere *Weizenbock*. Starck und Ullrich suchen in ihrem Buch »Bier trinken« verzweifelt einen dunklen Weizendoppelbock. Sollen sie ihn doch selber brauen! 15 % mehr Malz als in diesem Rezept, dunkles statt helles Weizenmalz und etwas Caramel- oder Farbmalz sollten helfen. Wenn Sie ein ähnliches Problem haben, ist das ein guter Grund, Hobbybrauer zu werden.

Weizenbock (obergäriges Bier)				
angestrebte Biermenge	12 Liter	18 Liter	20 Liter	24 Liter
Pilsener Malz	2 kg	3 kg	3,3 kg	4 kg
Weizenmalz	2 kg	3 kg	3,3 kg	4 kg
Aromahopfen (Pellets)	30 g	45 g	50 g	55 g
Wasser zum Einmaischen	10 l	14 l	15 l	18 l
Wasser für Nachguss	10 l	14 l	15 l	18 l

- Bei 40 °C geben Sie die Schüttung in das Wasser.

- Halten Sie bei 55 °C 20 Minuten Eiweißrast.

- Dann erwärmen Sie den Sud auf 64 °C.

- Die Maltoserast darf 40 Minuten dauern. Vergessen Sie nicht eine anschließende Jodprobe.

- Erwärmen Sie die Maische auf 72 °C.

- Halten Sie 30 Minuten Endverzuckerungsrast.

- Nun folgt die zweite Jodprobe.

- Zum 30-minütigen Abmaischen erwärmen Sie die Maische auf 78 °C.

- Nach dem Abläutern schwänzen Sie mit 78 bis 80 °C heißem Wasser an.

- Während die Würze 90 Minuten kocht, geben Sie den Hopfen hinein.

Stammwürzegehalt ca. 16 %.
Reifezeit 3 Wochen.

Roggenbier

Selten zu finden, aber nicht unbekannt, ist *Roggenbier*. Im Prinzip wird Roggen wie Weizen beim *Weizenbier* eingesetzt. Die Rezeptur muss jedoch abgewandelt werden, weil Roggenmalz wegen seiner verkleisternden Wirkung höchstens die Hälfte der Schüttung ausmachen soll, besser nur ein Viertel. Die Maische nimmt eine kleisterähnliche Zähflüssigkeit an. Brauereien pressen die Würze mit Druck durch die Filter, wofür Hobbybrauer in der Regel nicht die Apparaturen haben. Hauptproblem: Das Läutern und vor allem das Hopfenseihen wird zu einem langwierigen Unterfangen. Sie brauchen viel Geduld. Weitere Schwierigkeiten gibt es eigentlich nicht.

Roggenbier (obergäriges Bier)

angestrebte Biermenge	12 Liter	18 Liter	20 Liter	24 Liter
Pilsener Malz	1,8 kg	2,8 kg	3 kg	3,5 kg
Roggenmalz	0,7 kg	1 kg	1,2 kg	1,5 kg
Aromahopfen (Pellets)	35 g	50 g	55 g	65 g
Wasser zum Einmaischen	10 l	14 l	15 l	18 l
Wasser für Nachguss	8 l	12 l	13 l	15 l

- Sie maischen bei 40 °C ein.

- Halten Sie bei 55 °C 20 Minuten Eiweißrast.

- Erwärmen Sie die Maische auf 64 °C.

- Nun lassen Sie das Gebräu 30 Minuten ruhen.

- Die Jodprobe sollte schon fast jodnormal sein.

- Erwärmen Sie weiter auf 72 °C.

- Der Endverzuckerung lassen Sie 30 Minuten Zeit.

- Nach der zweiten Jodprobe erhitzen Sie weiter auf 78 °C.

- 30 Minuten Rast genügen zum Abmaischen.

- Als nächste Arbeitsschritte sind Abläutern und Anschwänzen mit 78 bis 80 °C heißem Wasser an der Reihe.

- Dann folgen 90 Minuten Kochen mit Hopfenzugabe.

Stammwürzegehalt 11 bis 12 %.
Reifezeit 4 Wochen.

Altbier

Neben dem Weizenbier ist das *Altbier* eines der verbreitetsten obergärigen Biere. Üblicherweise ist es recht dunkel, aber das muss nicht sein. Man kann es auch mit anderen Malzen brauen, solange die Gesamtmenge der Schüttung halbwegs stimmt. *Altbier* und *Kölsch* (Rezept siehe Seite 112 f) können mit hartem Wasser gebraut werden. Die Hauptgärung sollte bei für obergärige Biere ungewöhnlich niedrigen Temperaturen von 9 bis 13 °C stattfinden, sofern die Hefe das mitmacht.

Altbier (obergäriges Bier)

angestrebte Biermenge	12 Liter	18 Liter	20 Liter	24 Liter
Münchener Malz	1,9 kg	2,9 kg	3,2 kg	3,8 kg
Weizenmalz dunkel	0,6 kg	0,9 kg	1 kg	1,2 kg
Farb-/Weizenröstmalz	20 g	30 g	35 g	40 g
Aromahopfen (Pellets)	35 g	50 g	55 g	70 g
Wasser zum Einmaischen	9 l	13 l	14 l	16 l
Wasser für Nachguss	10 l	14 l	15 l	18 l

- Geben Sie das Malz in 35 °C warmes Wasser.

- Wenn 55 °C erreicht sind, halten Sie 20 Minuten Eiweißrast.

- Erwärmen Sie weiter auf 64 °C.

- Lassen Sie der Maltosebildung 40 Minuten Zeit.

- Nach der ersten Jodprobe erwärmen Sie die Maische auf 72 °C.

- Nun folgen 40 Minuten Endverzuckerungsrast.

- Ihr schließt sich die zweite Jodprobe an.

- Heizen Sie weiter bis auf 78 °C.

- Für das Abmaischen gestehen Sie 20 Minuten Rast zu.

- Jetzt läutern Sie ab und gießen 78 bis 80 °C heißes Wasser auf den Treber.

- Kochen Sie die Würze 90 Minuten. Dabei erfolgt die Hopfenzugabe.

- Die Hauptgärung findet bei 9 bis 13 °C statt.

Stammwürzegehalt ca. 11 bis 12 %.
Reifezeit 7 Wochen.

Kölsch

Kölsch darf ja eigentlich nur von bestimmten Brauereien in Köln hergestellt werden. Aber dies ist kein echtes Kölschrezept, sondern ein nachempfundenes, und außerdem für den Eigenbedarf gedacht. Wer mag, kann es nach seinem Heimatort nennen, und alle Probleme mit geschützten geographischen Herkunftsbezeichnungen sind vom Tisch.

Alle? Wer in Hamburg, Frankfurt, Berlin, Calau oder Amerika wohnt, muss freilich aufpassen wegen der Verwechslungsgefahr. Oder haben Sie sich schon einmal ein(en) *Hamburger* gebraut?

Kölsch (*obergäriges* Bier)

angestrebte Biermenge	12 Liter	18 Liter	20 Liter	24 Liter
Pilsener Malz	1,9 kg	2,9 kg	3,2 kg	3,8 kg
Weizenmalz hell	0,6 kg	0,9 kg	1 kg	1,2 kg
Caramelmalz	50 g	75 g	85 g	100 g
Aromahopfen (Pellets)	35 g	50 g	55 g	70 g
Wasser zum Einmaischen	10 l	14 l	15 l	18 l
Wasser für Nachguss	9 l	13 l	14 l	16 l

- Die Einmaischtemperatur liegt bei 40 °C.

- Halten Sie bei 55 °C 20 Minuten Eiweißrast.

- Bei 64 °C folgen 30 Minuten Maltoserast.

- Die erste Jodprobe schließt sich an.

- Erwärmen Sie weiter auf 72 °C.

- 30 Minuten dauert nun die Endverzuckerungsrast, an deren Ende die zweite Jodprobe steht.

- Erwärmen Sie die Maische auf 78 °C, um sie dann 30 Minuten rasten zu lassen.

- Nach dem Abläutern schwänzen Sie mit einem Nachguss von 78 bis 80 °C an.

- Kochen Sie die Würze 90 Minuten lang. Vergessen Sie nicht die Hopfenzugabe in zwei Portionen.

- Für die Hauptgärung braucht der Sud 9 bis 13 °C.

Stammwürzegehalt ca. 11 bis 12 %.
Reifezeit 5 Wochen.

Pils

Wir fahren nun fort mit untergärigen Bieren, die bei niedrigerer Temperatur gären, länger reifen müssen, dafür aber auch länger haltbar sind. Allen voran natürlich das mit Abstand markt-führende Pils, das mit weichem Wasser gebraut werden sollte. Das Original – Pilsener Urquell – hat genau 12 % Stammwürze. Deshalb soll am Eingang der Brauerei eine große Zwölf pran-gen. Bei uns macht es natürlich nichts, wenn wir ein wenig davon abweichen.

Bei der angegebenen Hopfenmenge wird das Bier recht herb (bitter). Wenn Sie vorsichtig sein wollen, dann reduzieren Sie die Hopfengabe, oder verwenden Sie Aromahopfen – anstelle des Bitterhopfens.

Pils (untergäriges Bier)				
angestrebte Biermenge	**12 Liter**	**18 Liter**	**20 Liter**	**24 Liter**
Pilsener Malz	2,5 kg	3,75 kg	4,1 kg	5 kg
Bitterhopfen (Pellets)	35 g	55 g	60 g	70 g
Wasser zum Einmaischen	10 l	14 l	15 l	18 l
Wasser für Nachguss	9 l	13 l	14 l	16 l

- Das Einmaischen erfolgt bei 40 °C.

- Die Eiweißrast bei 55 °C dauert 20 Minuten.

- Erwärmen Sie weiter auf 64 °C.

- Nach 30-minütiger Maltoserast führen Sie die erste Jodprobe durch.

- Erwärmen Sie die Maische auf 72 °C.

- Halten Sie 30 Minuten Endverzuckerungsrast.

- Dann kommt die zweite Jodprobe an die Reihe.

- Heizen Sie weiter, bis die Maische 78 °C erreicht hat.

- Jetzt kommen die letzten 30 Minuten Rast.

- Anschließend läutern Sie nach dem beschriebenen Verfahren.

- Der Nachguss muß 78 bis 80 °C heiß sein. Bereiten Sie ihn rechtzeitig vor.

- Schließlich kochen Sie die Würze 90 Minuten lang.

- In zwei Portionen (zu Beginn des Kochens und eine Viertelstunde vor Ende) geben Sie den Hopfen zu.

Stammwürzegehalt ca. 12 %.
Reifezeit 5 Wochen.

Märzen

Im Norden nicht so verbreitet sind *Märzen-* und *Spezialbiere* (Rezept siehe Seite 118 f). Als Alternativen zum Pils lohnt sich jedoch einmal ein Versuch. Da sie weniger Hopfen enthalten, sind sie weniger herb, dafür vollmundiger, malziger und süffiger.

Ohne besondere Kühlmöglichkeiten ging früher im März die Saison zum Brauen länger haltbarer, untergäriger Biere zu Ende. Danach wurde es zu warm. Also braute man ein etwas stärkeres Bier, das letzte untergärige der Saison, das aufgrund seines höheren Alkoholgehalts bis in den Sommer hinein gelagert werden konnte. Der Braumonat gab ihm seinen Namen.

Märzen (untergäriges Bier)

angestrebte Biermenge	12 Liter	18 Liter	20 Liter	24 Liter
Pilsener Malz	2,5 kg	3,75 kg	4,1 kg	5 kg
Caramelmalz	100 g	150 g	165 g	200 g
Aromahopfen (Pellets)	25 g	35 g	40 g	45 g
Wasser zum Einmaischen	9 l	13 l	14 l	16 l
Wasser für Nachguss	10 l	14 l	15 l	18 l

- Maischen Sie bei 40 °C ein.

- Eine 20-minütige Eiweißrast folgt bei 55 °C.

- Erwärmen Sie auf 64 °C.

- Nach 30 Minuten Maltoserast führen Sie die erste Jodprobe durch.

- Nun erwärmen Sie die Maische auf 72 °C.

- Sie halten 30 Minuten Endverzuckerungsrast.

- Die zweite Jodprobe folgt.

- Erwärmen Sie weiter auf 78 °C.

- Jetzt benötigt die Maische 30 Minuten Rast.

- Nach dem Abläutern schwänzen Sie mit 78 bis 80 °C heißem Wasser an.

- Die Würze kocht nun 90 Minuten. Geben Sie währenddessen den Hopfen hinzu.

Stammwürzegehalt ca. 12 %.
Reifezeit 5 Wochen.

Spezialbier

Vornehmlich im Herbst kommen verschiedene *Festbiere* auf den Markt; erst *Oktoberfestbier*, dann *Weihnachtsbier*, später *Osterbier*, um nur einige der bekanntesten zu nennen. Diese zählen zu den *Spezialbieren*. Es war übrigens dieses Spezialbier, mit dem ich bei meiner ersten Bierprämierung gewonnen habe – eines meiner Lieblingsrezepte.

Für *Märzen-* (Rezept siehe Seite 116 f) und *Spezialbiere* eignet sich mittelhartes Wasser besonders gut. Für ein dunkles Spezial tausche man einfach die Mengen von Pilsener und Münchener Malz und gebe pro Kilogramm Malz 10 – 20 g Farbmalz (je nach geschmacklicher Vorliebe und gewünschter Bierfarbe) hinzu.

Spezialbier (untergäriges Bier)				
angestrebte Biermenge	12 Liter	18 Liter	20 Liter	24 Liter
Pilsener Malz	1,5 kg	2,2 kg	2,5 kg	2,8 kg
Münchener Malz	1,2 kg	1,8 kg	2 kg	2,5 kg
Aromahopfen (Pellets)	30 g	45 g	50 g	60 g
Wasser zum Einmaischen	10 l	14 l	16 l	18 l
Wasser für Nachguss	9 l	13 l	14 l	16 l

- Nach dem Einmaischen bei 35 °C erwärmen Sie die Maische.

- Halten Sie bei 55 °C 20 Minuten Eiweißrast.

- Erwärmen Sie weiter auf 64 °C.

- Es folgen 40 Minuten Rast zur Maltosebildung.

- Nach der ersten Jodprobe erwärmen Sie den Sud auf 72 °C.

- Jetzt braucht die Maische 30 Minuten Endverzuckerungsrast.

- Ihr schließt sich die zweite Jodprobe an.

- Erwärmen Sie weiter auf 78 °C, wo Sie nochmals 30 Minuten abwarten.

- Läutern Sie die Maische ab.

- Für den Nachguss nehmen Sie 78 bis 80 °C heißes Wasser.

- Kochen Sie die Würze 90 Minuten lang.

- Geben Sie den Hopfen in zwei Portionen zu.

Stammwürzegehalt 13 bis 14 %.
Reifezeit 6 Wochen.

Bockbier

Ganz besonders gut gelingt immer das *Bockbier*. Mit der Zugabe von 1 bis 2 % Farbmalz kann man nach dem folgenden Rezept für *helles Bockbier* leicht ein *dunkles* einbrauen.

Wenn Sie anstelle eines Bockbiers (ab 16 % Stammwürze) lieber einen Doppelbock (ab 18 % Stamwürze) brauen möchten, müssen Sie die Malzzugabe um mindestens ein Achtel erhöhen. Allerdings wird dann die Maische dickflüssig und das Rühren richtig anstrengend.

Bockbier (untergäriges Bier)

angestrebte Biermenge	12 Liter	18 Liter	20 Liter	24 Liter
Pilsener Malz	3 kg	4,5 kg	5 kg	6 kg
Caramelmalz	150 g	230 g	250 g	300 g
Aromahopfen (Pellets)	30 g	45 g	50 g	55 g
Wasser zum Einmaischen	9 l	13 l	14 l	16 l
Wasser für Nachguss	10 l	14 l	15 l	18 l

- Maischen Sie bei 35 °C ein.

- 20 Minuten Eiweißrast bei 55 °C sind wichtig.

- Anschließend erwärmen Sie den Sud auf 64 °C.

- Halten Sie eine Maltoserast von 45 Minuten.

- Führen Sie eine Jodprobe durch.

- Erwärmen Sie weiter auf 72 °C.

- Nach 30 Minuten Endverzuckerungsrast muß die zweite Jodprobe eindeutig jodnormal sein.

- Erwärmen Sie die Maische auf 78 °C.

- Zum Abmaischen halten Sie 30 Minuten Rast.

- Mit dem Abläutern trennen Sie die Maische in Vorderwürze und Treber.

- Der Nachguss mit 78 bis 80 °C heißem Wasser löst wertvollen Extrakt aus dem Treber.

- Während die Würze 90 Minuten kocht, geben Sie in zwei Partien den Hopfen hinzu.

Stammwürzegehalt ca. 16 %.
Reifezeit 6 Wochen.

Häufige Fehler und ihre Behebung

Bei einem so umfangreichen Verfahren wie dem Bierbrauen können natürlich viele Fehler oder Probleme auftreten. Oft helfen Kreativität und Mut zum Experimentieren weiter. Einige Fehler und Wege zu ihrer Behebung, zum großen Teil aus eigener Erfahrung bzw. von meinen Kursteilnehmern durchlitten, finden sich auf den nächsten Seiten. Es besteht kein Anspruch auf Vollständigkeit.

Aufheizen zu schwach

Die Heizleistung reicht für die Sudmenge nicht aus. Vielleicht ist der Einkochtopf zu alt. Tauchsieder hinzunehmen.

Wenn der Topf zu groß für eine Herdplatte ist: Zwei Töpfe und zwei Platten gleichzeitig nehmen, und nächstes Mal einen kleineren Sud ansetzen oder eine stärkere Heizvorrichtung verwenden.

Es kann aber auch ein Hitzestau durch den Malzbrei am Topfboden vorliegen. Gefahr des Anbrennens. Öfter bzw. sorgfältiger, also bis zum Boden hin, rühren. Eventuell einen längeren Rührlöffel, der tatsächlich bis zum Boden reicht, verwenden.

◆

Stärkenachweis bei Jodprobe

Ein großes Malheur. Maische wegkippen oder: Augen zu und durch – soll heißen: Weitermachen und auf irregeleitete Stärkemoleküle, die sich später selbst vernichten, hoffen. Im Prinzip genügt es, wenn die Maische vor dem Läutern jodnormal ist. Die empfohlenen Jodproben werden durchgeführt, um bei Problemen frühzeitig eingreifen zu können.

Kann auch auftreten, wenn die Temperatur der Eiweißrast zu niedrig lag (nächstes Mal 55 °C einhalten). Trotz nicht immer einwandfreier Jodproben (insbesondere in den Kursen, gemäß dem Sprichwort »Viele Köche verderben den Brei«) sind die Biere durchwegs gelungen. Soviel zu den Lehrbuchweisheiten. Theorie ist eben, wenn man alles weiß und nichts funktioniert; Praxis ist, wenn alles funktioniert und keiner weiß warum.

Einmal rief mich ein Kursteilnehmer verzweifelt an, weil die Jodprobe partout zu intensiver Verfärbung führte. Es stellte sich heraus, dass sich die Maische erst in der Eiweißrast befand. Die Jodprobe war noch gar nicht an der Reihe, und die Verfärbung musste nicht weiter verwundern. Lösung: Einfach weitermachen und nach der Maltoserast die offiziell erste Jodprobe durchführen (bei der eine schwache Verfärbung tolerierbar ist).

Schlimmstenfalls sind die zum Stärkeabbau nötigen Enzyme durch zu hohe Temperaturen beim Schroten oder Maischen zerstört worden. Wenn nach einer längeren Pause immer noch Stärke nachgewiesen wird, kann man einen enzymhaltigen Malzauszug herstellen. Für 20 Liter Maische gibt man 50 Gramm helles Malz in $\frac{1}{3}$ Liter kaltes Wasser und lässt dieses 3 Stunden lang stehen. Das Malz wird ausgezogen (digeriert), sagt der Brauer. Dabei löst sich genügend Diastase, um eine ausreichende Verzuckerung nachzuholen. Den kalten Malzauszug gibt man vor dem halbstündigen Abmaischen in die Maische.

Würze mit Wasser verdünnen oder Plan ändern und Bockbier herstellen.
Nächstes Mal mehr Wasser für Haupt- oder Nachguss verwenden.

Stammwürze nach Läutern und Anschwänzen zu hoch

Länger kochen oder Schankbier herstellen (»Light« war neulich noch »in«).
Nächstes Mal weniger Wasser für Haupt- oder Nachguss verwenden.

Stammwürze nach Läutern und Anschwänzen zu niedrig

Im Falle schlechter Malzumwandlung: Nächstes Mal beim Maischen besser aufpassen, besser rühren, Rasten genauer einhalten.

Vielleicht war die Temperatur des Nachgusses zu niedrig, oder der Nachguss lief zu schnell durch den Treberkuchen, so dass zu wenig Zucker gelöst wurde. Temperatur genauer einhalten und Treberkuchen beim Nachguss zum gleichmäßigen Auswaschen öfter umrühren.

◆

Kein Gärbeginn – Ankommen verzögert sich

Geduld, es kann schon einige Stunden lang dauern, vor allem bei untergärigen Bieren.
Wenn es an zu niedriger Raumtemperatur liegen kann: Wärmer stellen, notfalls neue Hefe zugeben.

Wenn die Hefe nicht ausreichend mit Sauerstoff versorgt ist: Sud zum Durchlüften noch mehrmals umschütten.

Wenn die Hefe zu alt sein kann: Neue Hefe zugeben.

Untergärige Trockenhefe kann leicht etwas alt gewesen, aber durchaus noch gärfähig sein. Erst wärmer stellen (Raumtemperatur). Wenn sich noch immer nichts tut, neue Hefe zugeben.

Man kann auch einen untergärigen Hefestamm erwischt haben, der speziell für die Gärung bei höheren Temperaturen gezüchtet wurde, um das Problem vieler Hobbybrauer, die aufgrund fehlender Kühlmöglichkeiten von Frühjahr bis Herbst kein untergäriges Bier herstellen können, aus der Welt zu schaffen. Dann gilt natürlich ebenfalls: Wärmer stellen.

Wenn nach zwei Wochen noch immer keine Gärung stattfindet: Ist da überhaupt Hefe drin?

◆

Nach dem Öffnen ergießt sich der Inhalt als Schaum über Tische, Bänke, Gäste und Fußboden. Ärgerlich. Flasche schnell wieder schließen, bevor sie ganz leer ist. Wahrscheinlich wurde das Jungbier zu früh abgefüllt oder zu wenig gelüftet. Gesamte betroffene Ladung, auch wenn sie schon einige Wochen reift, täglich lüften, bis der Druck auf ein erträgliches Maß abgebaut ist. Bis der Schaum austritt, dauert es einen Moment. In dieser Zeit muss die Flasche beim Lüften bereits wieder verschlossen sein. Aber Vorsicht! Flaschen können sogar explodieren. Daher mindestens Augenschutz und Jacke (Schutz der Arme) tragen.

Wenn das Bier recht warm lagert (etwa 15 °C und mehr): Flaschen vor dem Öffnen einige Stunden in den Kühlschrank stellen.

Wenn es im Lagerraum (Keller) knallt, ohne dass anschließend eine große Bierlache zu sehen ist, kann eine Flasche geborsten, aber noch einigermaßen dicht sein. Flaschen in der Kiste nicht anheben, sondern die Kiste erst auf eine saugfähige Unterlage oder Ausguss stellen, dann die Flaschen kontrollieren. Beim Anheben wird die geborstene Flasche auseinander fallen.

Wahrscheinlich wurde es zu spät abgefüllt oder zu lange gelüftet. Mangels Nachgärung in den Flaschen hat sich keine Kohlensäure mehr gebildet. Das Bier kann jetzt bald verderben. Wenn es aber noch gut ist, lässt es sich durchaus retten: Üblicherweise genügt die Zugabe von Zucker (dann entspricht das Bier nicht mehr dem Reinheitsgebot) oder, besser noch, Malzextrakt (dann schon; jeweils 50 bis 100 Gramm auf zehn Liter, je nach erwünschter Spritzigkeit), denn wahrscheinlich ist die Hefe noch gärfähig, hat nur die Kohlensäureproduktion eingestellt, weil keine Maltose zum Vergären mehr vorhanden war.

Anstelle von Zucker oder Malzextraktpulver kann man auch Honig ausprobieren (gleiche Dosierung). Das Bier erhält ein

Zuviel Druck auf den Flaschen

Bier schäumt kaum und schmeckt schal

dezent honigartiges Aroma, das insbesondere zu dann wieder spritzigem Weizenbier gar nicht so schlecht passt.

Wenn bereits vor dem Abfüllen eine zu weit fortgeschrittene Gärung erkennbar ist, kann man dem Bier für die Nachgärung entweder Speise (ein halber bis ein Liter Würze, die dem Sud nach dem Hopfenkochen entnommen und heiß und damit steril in eine Flasche gefüllt wurde) zugeben, oder man mischt die Speise aus Malzextraktpulver, oder man nimmt eine Flasche Malztrunk (fälschlich oft auch Malzbier genannt). Besonders bei obergärigen Bieren ist die Verwendung von Speise grundsätzlich zu empfehlen, denn aufgrund der schnellen Hauptgärung kann man den richtigen Abfüllzeitpunkt leicht verpassen.

Und hier noch ein ernst zu nehmender Schicksalsschlag, der uns und unserem Bier – der Himmel mag es verhüten – hoffentlich nicht widerfahren wird:

> »So einem durch böse Leute das Bier bezaubert worden wäre,
> daß es gar nicht aufstossen [Kohlensäure bilden] wollte.
> Wann man solches bemerket, und gesehen wird, daß einem ein solch
> gottloses Stücklein wäre bewiesen worden, so lege man nur eine
> abgelegte Schlangenhaut, die die Schlange selbst abgestreifet hat,
> unter das Faß, und werfe oben eine Schnur Corallen hinein,
> so wird es bald aufstossen und jähren [gären].
> Es schadet den Corallen gar nichts, doch sollen es reine Corallen seyn,
> die nicht mit Schweiß, wann sie auf blosser Haut getragen,
> besudelt und beschmutzet seyn.«
> aus: »Der vollkommene Bierbrauer«

Wie dies funktioniert haben soll, bleibt ein Geheimnis des sicherheitshalber anonym gebliebenen Autors.

Jenseits des Reinheitsgebots

Das Reinheitsgebot ist eine großartige Errungenschaft. In Ehren ergraut lässt es uns noch immer vor Herzog Wilhelm IV. den Hut ziehen. Es hat ihn unsterblich gemacht.

Trotzdem gut, dass es nicht mehr allgemein verbindlich ist. Selbst wenn dies der Fall wäre, könnte der Hobbybrauer für den Eigenbedarf brauen, was er will. Alte Quellen liefern mitunter Anregungen, die aufhorchen lassen und sich obendrein mit aktuellen Problemen trefflich verbinden.

Das Reinheitsgebot gilt für den Hobbybrauer nicht

Vor über 200 Jahren gab es nämlich noch keine Krankenkassen. Heute gibt es sie zwar, aber wenn Medikamente bezahlt werden sollen, scheint es beinahe, als existierten sie nicht. Da kommt uns folgender Rat sehr gelegen:

> »… so aber Kräuter, Wurzeln und dergleichen [in das Bier] gethan werden, so dienet es zugleich auch mit zur Arzney. Derohalben kann ihme ein jeder Hauswirth oder ein curioser Kelmeister gar leichtlich, und ohne sonderbaren Unkosten ein Bier medicinalisch machen, und zwar ein solches, so wider diejenigen Leibesbeschwerungen, darzu man von Natur geneiget, oder allbereit am Halse hat, zurichten und gebrauchen, dadurch er dann manchen Pfennig, den er sonsten in die Apothecken geben müßte, erspahren kann.«
> aus: »Der vollkommene Bierbrauer«

Der gut sortierte Bierkeller ersetzt also die Hausapotheke. Und was erwähnt der ungenannte Autor nicht alles! Ich zähle nur Kräuter auf, deren Namen mir bekannt bzw. die in meinem Kräuterbuch zu finden sind, und überlasse es der Phantasie des Lesers, sich die Aromen vorzustellen:

Wermutbier, Wacholderbier, Rosmarinbier, Beifußbier, Quendelbier, Zitronenbier, Lorbeerbier, Lavendelbier, Majoranbier, Melissenbier, Augentrostbier, Anisbier, Fenchelbier, Nelkenbier, Eichelbier, Alantwurzelbier, Salbeibier, Ehrenpreisbier, Kirschenbier, Schlehenbier, Himbeerbier, Ysopbier.

In der Regel wird »ein Säcklein« mit dem jeweiligen Kraut, der Frucht oder dem Gewürz, das getrocknet und eventuell zerstoßen sein muss, während des Reifens in das Fass gehängt. Früchte wurden früher teilweise auch in die Maische gegeben. Wenn das Bier dann nicht schmeckt, ist allerdings der gesamte Sud verdorben. Ergänzend möchte ich Honig nennen. Dieser kann übrigens auch in Notfällen zum Einsatz kommen – siehe das Kapitel »Häufige Fehler und ihre Behebung«, Seite 122 ff.

Sie können nun Ihre eigene Versuchsreihe starten, was im Grunde gar nicht so aufwendig ist. Auch hält sich der Schaden in Grenzen, wenn das Gebräu beim besten Willen nicht schmecken will. Schlimmstenfalls werden lediglich die Flaschen geopfert, die Sie mit einer Portion des nun wirklich ganz und gar nicht schmeckenden Krautes oder Gewürzes versetzt haben. Für solche Experimente habe ich übrigens eigens einige kleine Drittelliter-Bügelflaschen.

Bier mit Kräutern und Gewürzen

Auswählen können Sie z.B. Kräuter, deren Wirkung Ihre individuellen Wehwehchen zu lindern verspricht. Hier hilft ein Heilpflanzen-Ratgeber. Oder Sie probieren es mit einer Geschmacksrichtung, die noch halbwegs genießbar erscheint, sofern man gewisse Vorstellungen von dem Geschmack des Gewürzes hat. Für ein Weihnachtsbier denke ich etwa an diverse Lebkuchengewürze.

Am besten geben Sie das Kraut oder Gewürz in die noch leere Flasche, beschriften diese und füllen dann das Bier zum Nachgären und Reifen hinein. Auf das Säcklein verzichten wir, denn es ist ja kein Fass, sondern nur eine Flasche. Und nun warten wir gespannt auf den Ausgang des Experiments.

Ich würde nicht darüber schreiben, hätte ich nicht selbst bereits einzelne Flaschen eines Sudes mit Gewürzen angereichert. Von Zimt kann ich nur abraten, es sei denn, man hätte eine Vorliebe für Seife. Anisbier hingegen schmeckte nicht uninteressant, war nur etwas kräftig geraten. An der genauen Dosierung dieses Gewürzes muß ich deshalb noch arbeiten.

Im 19. Jahrhundert war es durchaus noch üblich, während des Kochens einige unschädliche aromatische Substanzen, wie Zitronen- oder Orangenschalen, Orangenfrüchte, Koriander etc., in kleinen Mengen zuzugeben. Das Reinheitsgebot, das erst 1897 in Baden, 1900 in Württemberg und 1906 im Norddeutschen Brausteuergebiet Gesetzeskraft erlangte, untersagte dies schließlich. Erst ständig zurückgehende Umsätze in den 1990er Jahren veranlassten einige Vordenker der Brauindustrie, über den Absolutheitsanspruch des Reinheitsgebotes nachzudenken und neu entwickelte Nischenprodukte anzubieten.

Aromatisierte Biere haben Tradition

Warum nicht gewürzte Biere für experimentierfreudige Konsumenten? Hanfbier gibt es bereits von mehreren Herstellern (es darf nach einem Gerichtsurteil nur nicht »Bier« genannt werden), und Meerrettichbier produziert man für den japanischen Markt. Eine Brauerei stellt sogar mit Banane, Mandarine oder Ananas versetzte Biere her, wieder eine andere das grüne, angeblich erotisierende »Landorra Green«. Doch bei der Mischung aus 70% Weizenbier und 30% süßstoffhaltiger Limonade fällt es schwer, sich die versprochene Wirkung vorzustellen. Würde sie erzielt, wäre das Gebräu überdies ein Aphrodisiakum und müsste dem Arzneimittelgesetz gemäß behandelt werden.

Derartige Mixturen treiben unsere Bierwelt – und schon gar nicht das Abendland – gewiss nicht in den Untergang. Im Gegenteil. Sie dürften für die Popularität des Biers insbesondere unter jüngeren Menschen eher förderlich sein.

Zu solchen Übertretungen des Reinheitsgebots kann ich daher – ein wenig augenzwinkernd – jeden ermuntern. Ich finde nicht, dass allzu großer Frevel damit begangen wird, und man wird heutzutage auch nicht mehr, wie bei den Sumerern üblich, im eigenen Sud ertränkt. Sie werden anschließend schon merken, dass pures Bier besser und bekömmlicher ist.

Keine künstlichen Stoffe! Aber eines sei noch einmal bekräftigt: Von Zutaten wie Konservierungsmitteln, Geschmacksverstärkern, Schaumstabilisatoren, Farbstoffen, künstlichen Aromen usw. sollte man die Finger lassen. Sie bewirken keine Verfeinerung, sondern eine unnötige Verunreinigung des Biers. Hier gehen die Protagonisten des Reinheitsgebots zu Recht auf die Barrikaden. Von derartigen Substanzen bekommen wir – zumeist unfreiwillig – schon mehr als genug verabreicht. Bitte nicht auch noch im Bier!

Biersteuer und Gesetze

Eine unersättliche Obrigkeit hat schon seit jeher ihre Bevölkerung geschröpft, gegängelt und mit Steuern malträtiert. Dies ist bis heute einer der wenigen Bereiche, in denen sie zeigt, zu welch kreativen Leistungen sie fähig ist. Und es lohnt sich. Die Biersteuereinnahmen sämtlicher deutscher Bundesländer beliefen sich 1997 auf beachtliche 1 698 521 000 (in Worten: 1,7 Milliarden) Mark.

Heute (1999) gilt das *Biersteuergesetz 1993* (BierStG 1993) vom 21. Dezember 1992, das auch von Hobbybrauern zu beachten ist. Im § 3 (Steuerbefreiung), Absatz 3 heißt es:

»*Der Bundesminister der Finanzen wird ermächtigt, durch Rechtsverordnung mit Zustimmung des Bundesrates Bier, das von Haus- und Hobbybrauern in ihren Haushalten ausschließlich zum eigenen Verbrauch bereitet wird, bis zu einer Menge von 2 hl im Kalenderjahr von der Steuer zu befreien.*«

Und tatsächlich hat der Bundesfinanzminister von seinem Recht auf Steuerbefreiung Gebrauch gemacht. Die erwähnte Rechtsverordnung liegt in Form der *Biersteuer-Durchführungsverordnung* (BierStV) vom 24. August 1994 vor. Der für uns wichtige § 2 (Herstellung durch Haus- und Hobbybrauer) lautet:

200 Liter im Jahr sind steuerfrei

»*(1) Bier, das von Haus- und Hobbybrauern in ihren Haushalten ausschließlich zum eigenen Verbrauch bereitet und nicht verkauft wird, ist von der Steuer bis zu einer Menge von 2 Hektolitern im Kalenderjahr befreit. Bier, das von Hausbrauern in nicht gewerblichen Gemeindebrauhäusern hergestellt wird, gilt als in den Haushalten der Hausbrauer hergestellt.*
(2) Haus- und Hobbybrauer haben den Beginn der Herstellung und den Herstellungsort dem Hauptzollamt vorab anzuzeigen. In der Anzeige ist die Biermenge anzugeben, die voraussichtlich im Kalenderjahr erzeugt wird. Das Hauptzollamt kann Erleichterungen zulassen.«

**Die Bier-
herstellung
immer
anmelden**

Für den Hobbybrauer bedeutet dies: Er teilt dem zuständigen Hauptzollamt zu Jahresbeginn oder bei Aufnahme der Brautätigkeit eine Woche vorher formlos mit, dass er Bier herzustellen gedenke, *wo* er dies tun möchte (normalerweise im eigenen Haushalt) und *welche Menge* er in dem Kalenderjahr zu brauen beabsichtigt. Daraufhin erhält er eine Bestätigung, in der der wesentliche Inhalt des § 2 Absatz 1 der BierStV widergegeben ist. Hausbrauer ist nur, wer nicht gewerblich tätig wird, wer also sein Bier nicht verkauft.

> Hobbybrauer müssen ihre Tätigkeit dem zuständigen Hauptzollamt melden. Bei einer Produktion von mehr als 200 Litern im Jahr muss das Bier versteuert werden.

Überschreitet man die besagten 200 Liter, ist die gesamte Menge zur Versteuerung anzumelden. Der Steuersatz liegt bei DM 1,54 für jedes Prozent Stammwürze und pro Hektoliter. Bei einem Ausstoß von weniger als 5000 hl halbiert sich der Satz auf 0,77 DM. Die folgende Beispielrechnung zeigt, welche Belastung auf Hobbybrauer zukommen kann:

> Bei einer Produktion von 250 Litern Bier mit 12 % Stammwürze lautet die Rechnung: 12 (% Stammwürze) x 2,5 (hl) x 0,77 (DM, halbierter Steuersatz) = DM 23,10 Steuerschuld.

Das sind immerhin fast zehn Pfennig pro Liter. Sofern Steuern zu zahlen sind, ist der Brauer bei Abschluss der Hauptgärung (wenn neben der Stammwürze auch die Menge als steuerbestimmender Parameter feststeht) Steuerschuldner und muss seine Steuererklärung (Formular beim Hauptzollamt) unverzüglich, also ohne schuldhaftes Verzögern, abgeben. Man unterliegt als Hobbybrauer der Steueraufsicht und muss dem Hauptzollamt jede Änderung der bestehenden Verhältnisse anzeigen.

Doch eine steigende Zahl Hobbybrauer, die für bürokratischen Aufwand sorgen, ohne Steuern zahlen zu müssen, sollte weitere Erleichterungen für den Gesetzgeber interessant machen. Die *Vereinigung der Haus- und Hobbybrauer in Deutschland e.V.* jedenfalls hat eine entsprechende Petition eingereicht, die über das bayerische Finanzministerium inzwischen bis zum Bundesfinanzministerium gelangt ist und auf deren Ergebnis wir alle gespannt sind.

Zu hoffen ist auf Regelungen, wie sie für Hobbybrauer in Österreich und der Schweiz gelten. Sie dürfen Bier für den eigenen Bedarf uneingeschränkt und ohne Anmeldung steuerfrei herstellen. Schweizer Hausbrauer müssen Steuern nur bezahlen, wenn sie ihr Bier verkaufen, und dafür können sie relativ problemlos eine Lizenz erhalten – auch ohne Braumeisterprüfung.

Wenn das Bier in Verkehr gebracht wird, also auch, wenn man es an Freunde verschenkt, gelten die lebensmittelrechtlichen Bestimmungen des *Lebensmittel- und Bedarfsgegenständegesetzes* (LMBG), weil Bier für den menschlichen Verzehr bestimmt ist. Für in Fertigpackungen (Flaschen oder Dosen) abgefülltes Bier gilt darüber hinaus die *Lebensmittel-Kennzeichnungs-Verordnung* (LMKV).

Es gelten die lebensmittelrechtlichen Bestimmungen

Brauprotokoll

Zum Abschluss dieses Kapitels finden Sie die Kopiervorlage für ein Brauprotokoll, wie ich es immer verwende. Es ist so gestaltet, dass Sie nur mit seiner Hilfe, ohne im Buch nachschlagen zu müssen und ohne etwas zu vergessen, Ihr Bier brauen können – wenigstens so ungefähr ab dem dritten Mal. Vorher dürfen Sie schon noch etwas unsicher sein. Zu den Abkürzungen (beim Ausfüllen des Protokolls Unzutreffendes streichen):

STW = Stammwürze
A/B = Aroma-/Bitterhopfen
D/P = Dolden/Pellets
O/U = ober-/untergärig

Die Brauversuche zu protokollieren ist zweckdienlich

Es ist sicher nicht unbedingt notwendig, ein Protokoll zu führen. Aber sinnvoll ist es, denn immer wieder möchte man vergangene Rezepte oder bestimmte Situationen rekonstruieren, beispielsweise weil sich ein Bier als besonders wohlschmeckend erwies, oder weil man wissen möchte, welchen Zeitgewinn eine Veränderung des Prozesses, wie die Einführung einer selbst gebauten Kühlspirale, bringt. Außerdem sind die Aufzeichnungen für eine eventuelle Biersteuererklärung nötig. Drittens weiß man nie vorher, was passiert, und wenn aus den eigenen kleinen Anfängen eines Tages eine weltberühmte Brauerei entstehen sollte (bitte laden Sie mich in diesem Fall zur Eröffnung ein), bereut man bitter die fehlenden Dokumentationen der ersten Brauversuche.

Brauprotokoll (Muster/Kopiervorlage)

PROZESS	TÄTIGKEIT	SUD-NR.	PROTOKOLL VOM

PROZESS	TÄTIGKEIT	PROTOKOLL VOM
Maischen (Infusions-verfahren)	Wasser (Hauptguss) auf Einmaisch-temperatur erwärmen, geschrotetes Malz (Schüttung) zugeben, langsam erhitzen, ständig rühren	Beginn um Uhr Hauptguss: Liter Einmaischtemperatur: °C Schüttung: um Uhr
Eiweißrast	bei 55 °C ca. 15 Minuten	55 °C um Uhr Dauer der Rast: Minuten
Erwärmen	auf 62 bis 66 °C, ständig rühren	64 °C um Uhr
Maltoserast (Vorver-zuckerung)	ca. ½ Stunde (evtl. auch länger) zur Maltosebildung	Dauer der Rast: Minuten
1. Jodprobe	2–3 Tropfen Maische, 1 Tropfen Jod (keine Lila- oder Schwarzfärbung)	Zeit: Uhr jodnormal ja/nein
Erwärmen	auf 70 bis 74 °C, ständig rühren	72 °C um Uhr
Endverzuckerungsrast	ca. ½ Stunde zur Dextrinbildung	Dauer der Rast: Minuten
2. Jodprobe	wie oben, inzwischen den Nachguss vorbereiten (erhitzen)	Zeit: Uhr jodnormal ja/nein
Erwärmen	auf 78 °C, nicht höher, ständig rühren	78 °C um Uhr
Maischerast	ca. ½ Stunde	Dauer der Rast: Minuten
Läutern	flüssige und feste Bestandteile (Vorderwürze und Treber) trennen	Beginn um Uhr

Fortsetzung nächste Seite

Brauprotokoll (Muster/Kopiervorlage) *Fortsetzung*

PROZESS	TÄTIGKEIT	SUD-NR.	PROTOKOLL VOM	
Anschwänzen	Restzucker mit 78°C heißem Wasser (Nachguss) ausspülen, bei Bedarf mit Spindel Extraktgehalt messen		Beginn um — Nachguss: — Pfanne voll um — Extraktgehalt:	Uhr Liter Uhr %
Kochen	Würze zum Kochen bringen (Schaum abschöpfen) und ca. 90 Minuten kochen, $2/3$ des Hopfens gleich, $1/3$ ca. 10 Minuten vor Ende zugeben		Beginn um — Hopfenart: A/B bzw. D/P — Herkunft: — 1. Hopfenzugabe um — 2. Hopfenzugabe um — Ende um	Uhr g Uhr Uhr Uhr
Ausschlagen	Würze vor Filtern ca. 10 min. stehen lassen, ggf. 10 % Speise abzweigen		Beginn um — Ende um	Uhr Uhr
Kühlen	schnell, bis 20°C oder weniger, viel rühren, Eimer öfter umfüllen, Heißtrubabscheidung noch einmal filtern		Beginn um — Ende um — STW um	Uhr Uhr %
Anstellen	ca. 1% Hefe (bezogen auf die Würzemenge), gut durchlüften		Hefeart: O/U — Hefezugabe um	Uhr

		Restextrakt am	um	%
1.	Biersorte:	1.		
2.	Gärraumtemperatur:	2.		
3.	Ankommen (feiner Schaum):	3.		
4.	Kräusenbildung (Schaumberge):	4.		
5.	Deckenbildung (zerfallende Kräusen):	5.		
6.	Abgefüllt (Datum/Menge):	6.		
7.	Ergebnis:	7.		

Ein Wort zum Schluss

Das war's. Nun wissen Sie fast alles, was man über Bier wissen muss, und vielleicht haben Sie auch Spaß am Brauen. Wenn Sie gerne damit anfangen wollen, aber zunächst lieber unter Anleitung, dann können Sie an einem meiner Brauseminare teilnehmen oder bei sich zu Hause ein privates Seminar buchen. Meine Adresse finden Sie im Anhang.

Ein Brautag macht Spaß und entspannt. Sie haben Zeit, und daher sollten Sie ihn ruhig in Gesellschaft verbringen. Natürlich dürfen Sie dabei Ihr Gebräu nicht ganz aus den Augen lassen, denn es soll ja gelingen. Aber dieses fordert Sie nicht ununterbrochen. Im Gegenteil. Es gibt immer wieder kürzere oder längere Phasen, in denen nicht viel passiert. Das ist insbesondere nach dem Läutern und Anschwänzen der Fall, wenn die Würze eineinhalb Stunden lang vor sich hinköchelt, oder wenn sie nach dem Hopfenseihen langsam abkühlt.

Warum also nicht gleich die kleine Heimbrauparty in die Küche verlegen, oder bei schönem Wetter in den Garten? Von einigen meiner Seminarteilnehmer weiß ich, dass sie ein fröhliches Happening daraus machen. Essen, Trinken, Brautopf und was man sonst noch braucht, sind gut erreichbar. Man wechselt sich beim Rühren ab und lässt es sich ansonsten gut gehen. Ungefähr ab dem dritten Sud, wenn man den Ablauf einigermaßen sicher beherrscht, ist diese gesellige Form des Bierbrauens sehr zu empfehlen. Nebenbei können Sie die Ergebnisse voheriger Sude – sofern noch vorhanden – in stilvoller Atmosphäre verkosten.

Mein Tipp: Verbinden Sie das Heimbrauen mit einer Party

Spätestens jetzt werden Sie davon überzeugt sein, unter den verfügbaren Angeboten aktiver und kreativer Freizeitgestaltung eine gute Wahl getroffen zu haben. Ich wünsche dabei viel Spaß – und: Allzeit gut Sud!

Glossar

Ankommen	Bildung einer geschlossenen, sahnig-feinen Schaumschicht an der Oberfläche der Würze. Zeigt, dass die Hauptgärung begonnen hat.
Anstellen	Die Hefe wird in die nach dem Hopfenkochen abgekühlte Würze gegeben, damit die Hauptgärung beginnen kann.
Bierdeckel	Zumeist quadratisches oder rundes Stück fester Pappe mit Brauereiaufdruck. Liegt normalerweise zum Schutz der Tischfläche unter dem Glas. Sollte aber im Freien, z.B. im Biergarten, zum viel wichtigeren Schutz des Biers vor Vogeldreck, Insekten, Laub, Kastanien, Golfbällen usw. auf das Glas gelegt werden.
Bierspindel (Saccharometer, Aräometer)	Schmaler Glaskolben zum Messen der Stammwürze. Misst die Dichte der Flüssigkeit. Ist in der Regel auf 20 °C geeicht. Teurere Bierspindeln enthalten ein Thermometer mit Korrekturskala. Der Messbereich kann von 0 – 28 % reichen, aber auch nur 5 % (man benötigt dann einen ganzen Satz), bei sehr präzisen Spindeln sogar nur 1 % umfassen.
Darren	Trocknen (Dörren) des Grünmalzes auf der Darre mittels warmer bis heißer Luft, um den Keimprozess zu beenden. Je höher die Temperatur oder je länger die Darrzeit, desto dunkler wird das Malz.
Enzyme	Biokatalysatoren. Kleine, mit bloßem Auge unsichtbare Helfer des Brauers, die neben den Hefepilzen bei diversen Umwandlungsprozessen die Hauptarbeit verrichten. Jedes Enzym arbeitet in bestimmten Temperaturgrenzen. Bei Optimaltemperatur laufen die Prozesse am vollkommensten und schnellsten ab. Deshalb hält der Brauer bei gewissen Temperaturen Rasten ein.
Gärführung	Regelung von Hefegabe, Gärtemperaturen, Lüftung und Gärdauer während der Hauptgärung.

In der Mälzerei keimendes Malz.   **Grünmalz**

Zur Würzegewinnung benötigtes Wasser. Hauptguss ist das zum   **Guss**
Einmaischen verwendete Quantum. Nachguss heißt die zum
Auswaschen des Trebers benötigte Wassermenge.

Dient nach den Verzuckerungsrasten dem Stärkenachweis (Jod   **Jodprobe**
wird in diesem Fall violett). Dieser sollte möglichst nicht stattfinden. Bleibt er wunschgemäß aus (Jod behält seine gelbe
Farbe), dann ist die Maische jodnormal.

Bier, das eben die Hauptgärung beendet hat und die Reifung   **Jungbier**
beginnt. Man kann es oft schon trinken, aber nur selten
genießen. Deshalb sollte man noch warten.

Dicke Schaumschicht, die während der intensivsten Phase   **Kräusen**
der Hauptgärung auf der Würzeoberfläche entsteht. Weist
braune Schlieren oder Flocken auf, die von Hopfenharzen u.ä.
herrühren.

Trennen der Maische in feste und flüssige Bestandteile (Treber   **Läutern**
und Würze). Findet im Läuterbottich, einer siebähnlichen Apparatur, statt.

Mischung aus Wasser (Hauptguss) und Malz (Schüttung), die   **Maische**
stufenweise erwärmt wird, um unter anderem die Stärke im
Malz mit Hilfe von Enzymen in Maltose und Dextrin umzuwan-
deln und aus dem Malz herauszulösen.

Ältestes noch gültiges Lebensmittelgesetz der Welt (so heißt   **Reinheitsgebot**
es). Beschlossen vom bayerischen Landständetag unter Herzog
Wilhelm IV. von Bayern im April 1516. Es schreibt vor, dass nur
Wasser, Gerste und Hopfen (Hefe war noch nicht bekannt) zur
Bierherstellung verwendet werden dürfen. Es erlangte aber erst
1897 in Baden, 1900 in Württemberg und 1906 im Norddeutschen Brausteuergebiet Gesetzeskraft.

Schüttung	Die zum Einmaischen verwendete Malzmenge. Meistens eine Mischung verschiedener Malzsorten.
Stammwürze	Extraktgehalt in der Würze, ausgedrückt in Prozent oder Grad Plato, was weitgehend dasselbe ist. Beispiel: 12 % Stammwürze bedeuten, dass in 100 g Würze 12 g Extrakt (hauptsächlich Maltose und Dextrin, aber auch Eiweiße, Vitamine, Mineralstoffe, Hopfenöle usw.) enthalten sind. Die restlichen 88 g sind Wasser.
Treber	Das nach dem Läutern im Läuterbottich zurückgehaltene, ausgelaugte Malz. Kann als Viehfutter oder zum Backen von Treberbrot recycelt werden.
Wasserhärte, ausgedrückt in °dH (Grad deutscher Härte)	Bestimmt sich durch mehrere Faktoren. Ein »deutscher Härtegrad« entspricht 1 g Kalziumoxyd (CaO) in 1 hl Wasser. Abweichend davon gibt es z.B. »englische Härtegrade« (1 g $CaCO_3$ in 70 l Wasser) oder »französische Härtegrade« (1 g $CaCO_3$ in 1 hl Wasser). Man unterscheidet vier Härtebereiche: Härtebereich 1 (0–7 °dH), Härtebereich 2 (7–14 °dH), Härtebereich 3 (14–21 °dH) und Härtebereich 4 (über 21 °dH). Die Gesamthärte setzt sich zusammen aus Carbonathärte und Nichtcarbonathärte. Für Brauer ist hauptsächlich die Carbonathärte, der Gehalt an Hydrogencarbonat-(HCO_3-)Ionen von Interesse.
Würze	Extrakthaltige Vorstufe des Biers zwischen Maische und Jungbier. Entsteht beim Läutern, indem die Maische in Treber (Festes) und Würze (Flüssiges) getrennt wird. Man unterscheidet u.a. Vorderwürze (entsteht beim Läutern), Nachgusswürze (entsteht beim Anschwänzen), Pfannevollwürze (Vorder- und Nachgusswürze zusammen), Ausschlagwürze (nach dem Hopfenkochen; muss im Hopfenseiher gefiltert werden, um Hopfen und Bruch zu entfernen), Anstellwürze (gekühlt und gefiltert; ihr wird die Hefe zugegeben).
(den) Zeug geben	Siehe Anstellen.

Nützliche Adressen

Brau-Partner Firma K. Kling
(Gerätschaften und
Braumaterialien)
Kastellstraße 14
74080 Heilbronn
Tel. 0 71 31/4 53 53
Fax 0 71 31/4 15 60

Gesellschaft für Öffentlich-
keitsarbeit der Deutschen
Brauwirtschaft e. V.
(Informationsmaterial über
Bier und Bierindustrie)
Postfach 20 04 52
53134 Bonn
Tel. 02 28/9 59 06 51
Fax 02 28/9 59 06 17

Malzfabrik
Heinz Weyermann GmbH
(Verkauf von Malz)
Brennerstr. 17/19
96052 Bamberg
Tel. 09 51/9 32 20-0
Fax 09 51/3 56 04

Vereinigung der Haus-
und Hobbybrauer in Deutsch-
land e. V.
(Vereinsmagazin:
»Flaschenpost«)
Walter Simon
Effeltrich Blumenstr. 2
91090 Gaiganz
Tel./Fax 0 91 99/15 97

Sollten Sie noch Fragen zum
Inhalt des Buches haben oder
sich für meine Seminare inte-
ressieren, können Sie mich
unter folgender Anschrift
erreichen:
Dr. Hagen Rudolph
Am Mittelfeld 44
21368 Dahlenburg
Tel. 0 58 51/6 01 11
Fax 0 58 51/6 01 10
Mobil 01 71/3 21 32 31

Literatur

Bierbrauer (anonym):
Der vollkommene Bierbrauer.
Frankfurt/Leipzig 1784
(Reprint-Ausgabe)

Bilder-Conversations-Lexikon für das
deutsche Volk. Ein Handbuch zur Verbreitung
gemeinnütziger Kenntnisse und zur
Unterhaltung. 4 Bände,
Leipzig 1837

Brockhaus' Konversations-Lexikon.
16 Bände, Leipzig/Berlin/Wien,
14. Aufl. 1894

Delos, Gilbert:
Biere aus aller Welt.
Karl Müller Verlag, Erlangen 1994

Deutscher Brauer Bund e.V. (Hrsg.):
22. Statistischer Bericht 1997.
Bonn 1998

Gesellschaft für Öffentlichkeitsarbeit
der Deutschen Brauwirtschaft e.V. (Hrsg.):
Die Sortenpapiere.
Bonn 1997

Heyse, Karl-Ullrich (Hrsg.):
Handbuch der Brauerei-Praxis.
Verlag Hans Carl, Nürnberg, 3. Aufl. 1995

Hlatky, Michael/Reil, Franz:
Bierbrauen für jedermann.
Leopold Stocker Verlag,
Graz/Stuttgart, 2. Aufl. 1995

Jackson, Michael:
Bier. Über 1000 Marken aus aller Welt.
Hallwag Verlag, Bern/Stuttgart,
5. Aufl. 1996

Kling, Klaus:
Bier selbst gebraut.
Weltbild Verlag, Augsburg 1998

Krause, Udo:
Bier brauen.
Ludwig Verlag, München 1998

Lense, Karl:
Katechismus der Brauerei-Praxis.
9. Aufl., Verlag Hans Carl, Nürnberg 1950
(aktuell: 16. Aufl., 1996)

Meyers Neues Konversations-Lexikon
für alle Stände. 15 Bände,
Hildburghausen/New York 1858

Schumann, Uwe-Jens (Hrsg.):
Deutschland Deine Biere.
Weltbild Verlag, Augsburg 1997

Seidl, Conrad:
Bier. Deutsche und europäische Braukunst.
Seehamer Verlag, Weyarn 1997

Simon, Walter »Ladidel«:
Zurück zum Bier. Das Handbuch
für Haus- und Hobbybrauer.
Gaiganz (Eigenverlag) 1997

Starck, Paul/Ullrich, Hans:
Bier trinken. Tomus Verlag,
München 1994

Vogel, Wolfgang:
Bier aus dem eigenen Keller.
Eugen Ulmer Verlag, Stuttgart,
4. Aufl. 1996

Register